DESVENDANDO
A CAIXA-PRETA DO SUCESSO

EDGAR UEDA
Autor do best-seller KINTSUGI – O PODER DE DAR A VOLTA POR CIMA

LUÍS PAULO LUPPA
Autor do best-seller O VENDEDOR PIT BULL

DESVENDANDO
A CAIXA-PRETA DO SUCESSO

VOCÊ ESTÁ DISPOSTO A PAGAR O PREÇO?

ALTA BOOKS
E D I T O R A
Rio de Janeiro, 2020

Desvendando a Caixa-Preta do Sucesso: Você está disposto a pagar o preço?
Copyright © 2020 da Starlin Alta Editora e Consultoria Eireli. ISBN: 978-85-508-1657-9

Todos os direitos estão reservados e protegidos por Lei. Nenhuma parte deste livro, sem autorização prévia por escrito da editora, poderá ser reproduzida ou transmitida. A violação dos Direitos Autorais é crime estabelecido na Lei nº 9.610/98 e com punição de acordo com o artigo 184 do Código Penal.

A editora não se responsabiliza pelo conteúdo da obra, formulada exclusivamente pelo(s) autor(es).

Marcas Registradas: Todos os termos mencionados e reconhecidos como Marca Registrada e/ou Comercial são de responsabilidade de seus proprietários. A editora informa não estar associada a nenhum produto e/ou fornecedor apresentado no livro.

Impresso no Brasil — 1ª Edição, 2020 — Edição revisada conforme o Acordo Ortográfico da Língua Portuguesa de 2009.

Publique seu livro com a Alta Books. Para mais informações envie um e-mail para autoria@altabooks.com.br

Obra disponível para venda corporativa e/ou personalizada. Para mais informações, fale com projetos@altabooks.com.br

Produção Editorial	Produtor Editorial	Marketing Editorial	Editor de Aquisição	Ouvidoria
Editora Alta Books	Illysabelle Trajano	Livia Carvalho marketing@altabooks.com.br	José Rugeri j.rugeri@altabooks.com.br	ouvidoria@altabooks.com.br
Gerência Editorial Anderson Vieira		**Vendas Atacado e Varejo** Daniele Fonseca Viviane Paiva comercial@altabooks.com.br	Márcio Coelho marcio.coelho@altabooks.com.br	

Equipe Editorial	Adriano Barros Ana Carla Fernandes Ian Verçosa Juliana de Oliveira	Keyciane Botelho Larissa Lima Laryssa Gomes Leandro Lacerda	Maria de Lourdes Borges Paulo Gomes Raquel Porto Rodrigo Dutra	Thais Dumit Thales Silva Thauan Gomes Thiê Alves

Revisão Gramatical	Layout	Diagramação
Carolina Gaio Thamiris Leiroza	Paulo Gomes	Lucia Quaresma

Erratas e arquivos de apoio: No site da editora relatamos, com a devida correção, qualquer erro encontrado em nossos livros, bem como disponibilizamos arquivos de apoio se aplicáveis à obra em questão.
Acesse o site www.altabooks.com.br e procure pelo título do livro desejado para ter acesso às erratas, aos arquivos de apoio e/ou a outros conteúdos aplicáveis à obra.

Suporte Técnico: A obra é comercializada na forma em que está, sem direito a suporte técnico ou orientação pessoal/exclusiva ao leitor.

A editora não se responsabiliza pela manutenção, atualização e idioma dos sites referidos pelos autores nesta obra.

Dados Internacionais de Catalogação na Publicação (CIP) de acordo com ISBD

U22d   Ueda, Edgar
          Desvendando a caixa-preta do sucesso: você está disposto a pagar o preço? / Edgar Ueda, Luis Paulo Luppa. - Rio de Janeiro : Alta Books, 2020.
          256 p. ; 16cm x 23cm.

          ISBN: 978-85-508-1657-9

          1. Autoajuda. 2. Sucesso. I. Luppa, Luis Paulo. II. Título.
          CDD 158.1
2020-353   CDU 159.947

Elaborado por Vagner Rodolfo da Silva - CRB-8/9410

Rua Viúva Cláudio, 291 — Bairro Industrial do Jacaré
CEP: 20.970-031 — Rio de Janeiro (RJ)
Tels.: (21) 3278-8069 / 3278-8419
www.altabooks.com.br — altabooks@altabooks.com.br
www.facebook.com/altabooks — www.instagram.com/altabooks

ASSOCIADO
Câmara Brasileira do Livro

AGRADECIMENTOS

Agradecemos a Deus por ter nos dado saúde até aqui, porque é a única coisa que a Ele pedimos: o restante está sob nossa responsabilidade de conquistar.

À paciência da família conosco, por incontáveis noites e dias à nossa espera, enquanto estávamos distantes ao longo de semanas, meses e até anos, em função de um propósito maior.

Aos nossos cachorros, que nunca nos abandonaram, sempre nos proporcionando amor incondicional.

A todos os clientes que nos disseram sim e àqueles que nos disseram não, porque todos os nãos que recebemos nos deram mais força para buscar um sim do próximo cliente.

Aos nossos liderados, que lutaram conosco em tempos de guerra e brindaram conosco em tempos de paz, porque sem eles não iríamos a lugar algum.

Às eternas crises da empresa, do mercado e do país, que sempre nos provocaram a fazer algo diferente.

A todos aqueles que nos chamaram de loucos, achavam que não conseguiríamos e foram surpreendidos por nossas conquistas e vitórias.

A todos aqueles que estavam do nosso lado, torciam a favor e nos davam força; e àqueles que, torcendo contra, nos davam força ainda maior.

Às pessoas que não acreditavam ser possível realizar e construir o impossível, pois suas dúvidas também impulsionaram nossa certeza de vencer.

AVISO

O site www.acaixapretadosucesso.com.br é mantido voluntariamente pelos autores. Os conteúdos online disponibilizados na obra também estão disponíveis no site da editora em: www.altabooks.com.br. (Busque pelo título da obra ou ISBN).

SUMÁRIO

- **INTRODUÇÃO** — VIII

- **PARTE 1** — 22
  TODO MUNDO TEM UM ATIVADOR. QUAL É O SEU?

- **PARTE 2** — 50
  COMPETÊNCIAS PARA O SUCESSO

  1. TRANSPIRAÇÃO COM DIREÇÃO — 53
     Transpirar é mais importante que inspirar

  2. RELACIONAMENTOS — 69
     Tenha uma legião de fãs

  3. DOMINAR A ARTE DE VENDER — 89

  4. NEGOCIAR PARA GANHAR SEMPRE — 115

  5. ACELERAÇÃO ESTRATÉGICA — 147
     Pensamento de gigante para ser grande

  6. O PODER DO ESCUDO — 173
     Blinde-se dos perdedores mentais

  7. É MAIS IMPORTANTE SER DO QUE TER — 195

- **PARTE 3** — 216
  PRATICANDO AS COMPETÊNCIAS

  IDENTIFICANDO O PROFISSIONAL DE SUCESSO — 219

  O QUE TIVER QUE SER FEITO, FAÇA SEMPRE BEM-FEITO! — 231

INTRODUÇÃO

Duas notícias

—

Como nasceu este livro

—

Os autores

—

Prefácio

DUAS NOTÍCIAS

Normalmente, quando falamos de sucesso, é bem fácil associar a essa palavra alguns sentimentos e pensamentos, como ansiedade, motivação, alegria, expectativa...

A verdade, porém, é que sucesso não é algo complexo. Chega a ser óbvio, até certo ponto, mas a jornada para alcançá-lo requer disciplina, muita disciplina.

Por isso, vamos começar este livro exatamente como somos:

Diretos, pragmáticos, transparentes e objetivos.

Temos duas notícias: uma boa e uma ruim.

Qual delas você quer primeiro?

"É melhor começar com a ruim, porque depois vem a boa!", você responde.

Então vamos lá.

Acionar seu ATIVADOR DO SUCESSO e pôr em prática as SETE COMPETÊNCIAS reveladas neste livro... não é nada fácil!

Praticá-las integralmente, na intensidade e na forma como precisam ser praticadas, não é para qualquer um. É para os fortes.

O caminho é cheio de obstáculos, desafiador ao extremo. Exigirá muito esforço, muita energia, transpiração, sacrifício, dores, renúncias, força de vontade, persistência, resiliência, muita paixão por vencer na vida e uma determinação inabalável.

Várias pessoas próximas o aconselharão a desistir. Diga-se de passagem que, nesta vida, a cada dez pessoas que você conhecer, oito ou nove vão passar o tempo convidando você a jogar a toalha. Ou seja, haverá muito mais gente jogando contra do que a favor. Esteja preparado para isso.

Vão dizer que é uma loucura o que você está fazendo.

À medida que avançar nesse caminho, você poderá ter momentos de grande estresse, em uma verdadeira batalha consigo mesmo, com uma voz interna martelando em sua cabeça: "Isso não é para mim, não estou aguentando, não é possível chegar ao fim, não devo me arriscar..."

E quanto mais você avançar, maiores serão os desafios, as interferências. Você verá outras pessoas desistindo. E perceberá que são pouquíssimos os que conseguem realmente atingir o sucesso.

Ou seja, era esta a notícia ruim que nós tínhamos para você: o caminho é longo e árduo!

Então, agora, vamos à boa notícia:

É possível chegar vitorioso ao melhor destino dessa caminhada!

Sucesso total!

Dinheiro, saúde, afeto, influência, alegria, realização, mais liberdade, reconhecimento. Tudo de bom!

Mas para isso você precisa percorrer todo o trajeto.

Tem que ir até o final.

É como andar de bicicleta: se parar, cai!

Só que você quer, como todos nós, que tudo o que é bom aconteça logo e seja eterno. Então já desejará saber quando chega o final.

A resposta é: NUNCA!

Quando você cruza a linha de chegada, automaticamente se renova o estoque de desafios, e uma nova linha de chegada surge mais adiante. Isso não tem fim!

Difícil demais? Parece impossível? Lembre-se daquela velha máxima:

Se alguns conseguiram, você também pode conseguir.

Por que não?

COMO NASCEU ESTE LIVRO

Não me lembro muito bem em que cidade eu estava naquela dia, quando minha assistente me ligou tarde da noite para repassar a logística do dia seguinte. A vida de um palestrante não é nada fácil, quando se acumula com as atividades de empresário e escritor. Cada dia em uma cidade, em um hotel diferente; a cada hora seguindo para algum lugar, de carro, avião ou helicóptero.

No início, é uma aventura bem legal, mas, quando vira rotina, algumas coisas começam a pesar demais.

Principalmente a saudade da família e o total desencontro com os amigos, porque 50% das palestras e eventos corporativos acontecem nos finais de semana, e o nosso dia de lazer e descanso acaba sendo, quando dá, na segunda-feira. Só que, por muitos anos, não tive nem a segunda como dia de descanso...

E mesmo que eu tivesse a segunda-feira livre, todos estão trabalhando nesse dia, ninguém quer fazer churrasco...

Enfim, quando você está surfando em uma onda pela qual esperou por muito tempo, a verdade é que quer surfar até chegar aonde está bem rasinho, para aproveitá-la ao máximo.

Traduzindo: quando a oportunidade de chegar ao sucesso desejado bate à sua porta, você não pode dizer que está ocupado.

Conheci milhares de pessoas, centenas de empresas, diversos países, cidades inusitadas do Brasil, mas nunca imaginei em toda a minha vida que, algum dia, a minha assistente me falaria de uma proposta para fazer uma palestra no Japão.

É, meu amigo, isso mesmo: no outro lado do mundo...

"Desse assunto, vou tratar pessoalmente", disse a ela. Até porque não era só uma palestra, e sim uma turnê.

E, nesse dia, ao receber uma chamada lá de Nagoya, província de Aichi, entra na minha vida um cara chamado EDGAR UEDA.

Ele foi o culpado por eu passar mais de 24 horas voando, só na ida, mais 24 horas na volta, e foi ele também o protagonista de dias inesquecíveis lá na Terra do Sol Nascente. Nascia ali uma amizade e parceria para muitos anos. Isso foi em 2007.

Eu já tinha uma posição consolidada e certa liberdade financeira, por isso a proposta dele não me atraiu muito: naqueles 15 dias circulando pelo Japão, eu iria perder mais dinheiro do que ganhar, porque teria que abrir mão de diversos eventos aqui no Brasil, que me dariam um resultado financeiro mais expressivo.

Mas as palestras no Japão seriam um divisor de águas na minha carreira, e a forma como o Edgar me tratava ao telefone me motivava demais, os seus argumentos eram animadores... até ele me dizer que a proposta não incluía uma passagem na classe executiva. Desanimei na hora.

Eu sabia exatamente o verdadeiro enduro que seria pegar um avião em São Paulo, descer em Washington e embarcar de imediato para Nagoya. Cada trecho, 12 horas de voo.

E, ao perceber um obstáculo, uma adversidade, uma dificuldade, a gente se agarra nela para justificar a decisão de desistir de uma ideia.

Pronto. Não vou ao Japão. Não vai dar.

Aliás, desistir de alguma coisa é a parte mais fácil da vida.

Mas, quando cheguei em casa, sei lá que dia e que hora, encontrei minha fiel escudeira, com quem estou casado há mais de 20 anos, e lhe contei sobre a loucura de fazer uma turnê no Japão, ela me disse:

"Nossa, que legal, você vai adorar conhecer o Japão! Leve seu kimono. Quem sabe você consegue fazer um treino de judô por lá? Já pensou que emoção pisar em um tatame no Japão?"

Aquele incentivo todo quase me contagiou, até eu lhe dizer que teria de viajar na classe econômica. Como durmo muito mal em aviões, isso seria uma tortura.

Ela nem esperou que eu acabasse de falar e respondeu:

"É só pagar a diferença pra ir de executiva! Não perca essa chance de transformar vidas do outro lado do mundo."

Bom, depois desse incentivo, cotei a diferença, mas ainda achei muito caro e resolvi colocar à prova meu estilo Pit Bull: encarar a viagem na classe econômica.

Que arrependimento... No trecho de Nagoya, aquilo parecia não ter fim. Quase pedi para descer ali mesmo, era só abrir a porta do avião e eu me jogava.

Durante todo o tempo eu me perguntava: Por que não ouvi a minha mulher? Por que não paguei aquela maldita diferença no preço da classe executiva?

Sabe por quê?

Porque os homens ainda vão levar muito tempo para entender que ouvir as mulheres faz bem à saúde!

Enfim saí daquele avião, caminhei um pouco e comecei um papo de louco na alfândega. Eu não entendia japonês, o atendente não entendia português, e o inglês dele parecia árabe.

Começamos bem!

Após uns 15 minutos, cruzei a porta de saída e lá estava um rapaz com um look de cantor de rock japonês, com uma bebida na mão que parecia um achocolatado, vindo na minha direção.

"Luppa, bem-vindo ao Japão. Eu sou o Edgar Ueda."

Educadamente, ele me fez aquela pergunta formal:

"Como foi a viagem?"

Eu, na verdade, ainda nem havia percebido que a viagem tinha acabado, estava muito atordoado.

Ele me disse: "Beba essa vitamina aqui, que te ajudará, e vamos ao hotel para você tomar um banho. Em seguida vamos trabalhar. Afinal, foi para isso que você veio", ele falou rindo, brincando... "Nada de descanso, vamos caminhar e passear um pouco. Não pode dormir, porque tem um coquetel com os patrocinadores hoje e preciso que apresente uma degustação da sua palestra. Você precisa enfrentar o fuso horário."

"Meu Deus! Regime de escravidão na era moderna! Encontrei um cara mais louco do que eu!", pensei na hora!

Entramos no carro dele, e, sempre muito gentil, estava a mil por hora, enquanto meu cérebro funcionava em marcha lenta...

Ali começavam as duas semanas mais intensas e mais inusitadas de toda a minha vida.

Juntos, rodamos por diversas cidades japonesas, cruzamos aquele país de carro, de trem... e pense em um cara comendo peixe todos os dias: esse cara era eu.

Cada dia o Edgar me contava sobre um projeto novo, um livro que havia lido, uma ação que tinha tomado na rede de supermercados da qual era diretor de marketing, ou um sonho que ainda iria realizar.

A gente se divertiu muito. E a impressão que tive quando ele me deixou no aeroporto, de volta ao Brasil, foi de que eu nunca mais o veria de novo, porque eu já havia prometido que nunca mais passaria novamente por aquele enduro de 24 horas.

Acho que fiquei uns dois meses falando do Edgar e do Japão lá em casa...

A vida continuou, o sobe e desce de aviões também, quase um ano se passou, e, acreditem, o telefone tocou novamente...

Prefixo? Nagoya!

"Fala Luppa, é o Edgar Ueda, saudades de você, meu irmão..."

Eu tinha certeza de que o telefonema não era só para matar a saudade. Vinha mais do que isso.

Seria absolutamente natural o Edgar me propor um negócio no Japão, na Austrália, na China ou na Lua. Ele é o tipo do cara para quem o impossível não existe. É sinônimo de realizador.

"O que você acha de voltar ao Japão?"

"Meu irmão, nem de teletransporte...", respondi.

"É, meu amigo, mas dessa vez eu conversei com o embaixador brasileiro aqui no Japão, e ele quer que você venha fazer a fala do Brasil na festa dos cem anos da imigração japonesa no Brasil. Vai ser no porto de Kobe, para quase dez mil pessoas. Detalhe: você é o único convidado especial vindo daí especialmente para este evento."

Que honra! Receber um prêmio das mãos do embaixador, como palestrante do ano Brasil-Japão, nas festividades dos cem anos da imigração japonesa em nosso país!

"E fique calmo, que ele vai mandar passagens em classe executiva", completou Ueda, para meu alívio.

Olhei minha agenda e só conseguiria ir se pudesse estar de volta em quatro dias. "Isso vai ser uma loucura!", pensei. Mas fui.

Lá estava o Edgar Ueda me esperando no aeroporto, com aquela bebida miserável de ruim, mas que ajuda, e muito.

Foram quatro dias intensos, e, quando ele me deixou de volta no aeroporto, eu sinceramente nem sabia mais o meu nome. Foi ele que me colocou dentro do avião, e só acordei nos Estados Unidos.

Os anos se passaram, e, já em 2012, recebo outra ligação, sabe de quem? EDGAR UEDA!

"Amigo, estou de volta ao Brasil, quero te ver."

Agendamos para a mesma semana. Eu me preparei, porque sabia que um encontro com o Edgar não é um encontro, é um evento!

Relembramos muitas coisas, rimos demais, e ele entrou no tema:

"Luppa, estou trabalhando no ramo imobiliário, acredito em um jeito diferente de investir e fazer negócios, e tracei alguns objetivos em minha vida: vou me dedicar, crescer nessa área e escrever um livro. Quero contar a minha história, minhas crenças e valores para milhares de pessoas."

Ele me perguntou quantos livros eu já havia publicado, naquela época eram 17 livros e 32 DVDs. Hoje, com este aqui, são 21.

"Quantas palestras você já fez?"

"Mais de mil."

"Escreva aí que eu vou chegar lá também."

Naquele momento, se teve uma coisa que eu não fiz, foi duvidar...

Seu primeiro livro, *KINTSUGI — O poder de dar a volta por cima*, ficou mais de 12 semanas na lista dos mais vendidos. E eu, de fora, vendo tudo isso, vibrava demais.

Em seu primeiro ano como palestrante, fez mais de 60 palestras. Sucesso absoluto para um cara que estava iniciando nesse segmento, mas não para Edgar Ueda, que posso chamar de *nexialista* (para quem não sabe, nexialista é uma pessoa que tem excelentes resultados em tudo o que faz; performa em qualquer negócio ou ambiente). É um cara fora de série.

Quando veio me trazer seu livro autografado, desfrutamos de um saboroso café, e ele, corrido e acelerado como sempre, disparou:

"Luppa, meu amigo, ainda vamos fazer muitas coisas juntos!"

Eu estava em uma fase muito centrada da minha vida, porque tinha decidido vender a minha empresa, que, naquele momento, era uma das maiores operadoras de turismo do mundo.

Depois de mais de dois milhões de exemplares de livros vendidos, muitos prêmios recebidos em diversos países e muitas palestras realizadas, só o que eu pensava era em vender a empresa, pensar um pouco mais em mim e resgatar o tempo com a minha família.

Quando minha empresa foi adquirida pelo grupo CVC, em 31 de dezembro de 2018, me desliguei das minhas atividades do dia a dia e fui passar um mês na praia para recuperar as energias.

Mas se o assunto é energia, leia-se Edgar Ueda.

E lá vem ele...

"Luppa, agora que você está mais calmo e com mais tempo, vamos escrever um livro juntos."

Gostei da ideia!

Este livro, além de ajudar muitas pessoas, é o marco de uma amizade de mais de 12 anos.

Duas histórias de vida bem diferentes, mas que deságuam no mesmo lugar, em uma congruência perfeita de valores, princípios e crenças.

Se fôssemos escrever todas as nossas passagens, aventuras, dificuldades, perdas, ganhos e realizações, certamente faríamos uma enciclopédia de dez volumes, e não um livro. Então tínhamos que ser objetivos.

Ficou fácil saber qual seria o tema.

Nós dois queríamos falar de como é difícil e desafiador chegar lá. Contar que isso exige muita energia, resiliência, persistência, trabalho duro, blindagem mental, renúncias, sacrifícios, mudança de mentalidade, mudança de comportamento, desenvolvimento contínuo, paixão por vencer, brilho nos olhos, múltiplas habilidades, tomadas de decisões que nem sempre são as melhores para nós ou para quem amamos. Revelar como a vida o convida a desistir no meio do caminho, como parece que quase tudo e quase todos conspiram para você não avançar, não continuar, não vencer na vida... E quando falo "quase tudo e quase todos", isso inclui alguns amigos, alguns familiares, pessoas que você pensava que o apoiariam, mas não. A caminhada é dolorida. Você busca atalhos, se perde, se reencontra, cai, levanta, mas não pode e não deve desistir. Ufa! Cansou só de ler? Pensou em desistir só de ler este pequeno resumo?

Descanse e continue a jornada.

Tínhamos dois caminhos para desenvolver a essência deste livro:

Ou falar de coisas que ouvimos e lemos, ou do que vivemos, praticamos, sabemos, e do que conseguimos provar sobre o que dá certo e o que não dá.

Simplesmente porque sofremos e aprendemos muito com as derrotas, e nunca nos sentamos no glamour das vitórias.

Mas sempre tivemos um ponto de muita atenção, porque hoje, com as redes sociais, vivemos em um mundo de especialistas, gurus e mentores de muitas teorias e pouca prática.

E o que mais encontramos são pessoas que baseiam suas teorias em um retalho de "ouvi dizer em algum lugar que isso funciona".

Decidimos fazer um livro de verdades e fatos, desvendando a outra face do sucesso. O que de fato você precisa saber e entender, de uma vez por todas. O que e como fazer para chegar lá.

Um livro que ajude você a sair da figura A para a figura B, de um para mil, de pouco para muito, de pequeno para grande, de escasso para abundante.

Pode ser que haja pessoas até com disposição e interesse em ajudá-lo nessa trajetória, mas é preciso chegar na hora certa e ter massa crítica para atuar concretamente. Não adianta você querer ajudar alguém no velório dele; tem que chegar pelo menos enquanto ele está no hospital.

O foco do nosso livro, pensamos então, seria como um relato preciso do que aconteceu na vida de quem se dispôs a construir o sucesso.

Mas quem está disposto a revelar a caminhada?

Quando um avião cai, por exemplo, você só fica sabendo os reais motivos da queda depois que localizam a caixa-preta.

EUREKA!

Foi aí que nasceu o título do livro. E assim surgiu toda a sua essência.

Vamos desvendar a Caixa-preta do Sucesso!

— *Luís Paulo Luppa*

OS AUTORES

LUÍS PAULO LUPPA já se destacava desde muito jovem por seu talento de se comunicar e liderar. Apresentou-se em festivais de música com 13 anos, foi o orador da turma na formatura do segundo grau, organizava torneios de futebol quando menino, iniciou sua vida profissional como vendedor viajante batendo metas todos os meses, começou a treinar equipes de venda já na sua primeira experiência como gestor, fazia apresentações para clientes e encantava a força de vendas nas convenções anuais.

Gravou dois CDs de músicas compostas por ele, é autor de 20 livros, 32 DVDs de treinamento empresarial, treinou mais de 1 milhão de pessoas ao redor do mundo, e, embora seus talentos como vendedor e comunicador fossem evidentes, levou 40 anos para descobrir o botão certo e ativar a rota do sucesso, que no caso de Luppa veio com o apelido de O Vendedor Pit Bull, título do seu primeiro livro, hoje editado em mais de 30 países, que deflagrou uma carreira vitoriosa como escritor, palestrante e empresário.

EDGAR UEDA, filho de uma ex-boia fria e ex-empregada doméstica, até seus 2 anos morava com sua família em um barracão de lona, onde não havia água potável nem energia elétrica. Edgar começou a trabalhar aos 9 anos como entregador de leite e, aos 12, era vendedor de coxinhas.

Foi aí que descobriu que tinha veia de vendedor e empreendedor. "Meus avós falavam para eu guardar parte do dinheiro que ganhava. Obedeci, fui guardando o que conseguia. Quando completei 17 anos, comprei meu primeiro comércio, uma lanchonete. Minha primeira grande conquista", detalha como tudo começou. Antes de alavancar nos negócios, ainda exerceu diversas profissões, como garçom, balconista de lanchonete, operário de fábrica, e trabalhou na construção civil. "Em minha trajetória, acumulei uma série de experiências que me tornaram o que sou hoje. Aprendi a superar a dor, fui e sou resiliente, e sempre tive um sonho grande", conta Edgar, que foi à falência seis vezes e se reergueu em todas elas. "Todas as vezes que quebrei e fracassei, pensava nisso como um passo, um degrau, uma fase que eu iria superar. Por isso, minha virada era muito rápida. Eu me tornei proativo", conta o multiplicador de milhões do ramo imobiliário, que hoje semeia transformação e mudanças na vida das pessoas.

Além de empresário, é palestrante, escritor e autor do best-seller *Kintsugi — O poder de dar a volta por cima*, que ficou 12 semanas nas listas dos mais vendidos (revista *Veja* e *Publishnews*), batendo também em uma semana o *top one* da Amazon Books, como o livro digital mais vendido. Atualmente, é influenciador digital, possui um grupo de páginas no Instagram que, juntas, somam quase 3 milhões de seguidores. Considerado um dos maiores *players* do setor imobiliário da atualidade, é especialista em estratégia, inteligência, marketing e vendas.

PREFÁCIO

POR CARLOS WIZARD MARTINS
– FUNDADOR DO GRUPO SFORZA HOLDING –

Ser convidado para escrever o prefácio do livro Desvendando a Caixa-Preta do Sucesso me alegrou muito por dois motivos: o primeiro, por compartilhar conhecimentos importantes para quem deseja realizar sonhos e alcançar suas metas e, segundo, por ter sido escrito por duas pessoas altamente capacitadas e que mostram que vencer é possível, ainda que as circunstâncias sejam controversas.

Edgar Ueda, por exemplo, saiu de uma pequena cidade do interior de São Paulo. Foi criado apenas por sua mãe – ex-boia fria e empregada doméstica, e começou a trabalhar com apenas nove anos de idade. Aos 17 já investia em seu primeiro empreendimento. Aos 19, mudou-se para o Japão e, desde então, já esteve em mais de 40 cidades de 24 países, adquirido uma vasta experiência e ampliando a sua cultura.

Já Luis Paulo Luppa, desde muito cedo mostrou a que veio. Sempre se destacando em meio aos seus colegas quando adolescente, começou sua carreira como vendedor viajante, foi reconhecido como um dos melhores executivos do mundo, e hoje é um dos principais especialistas em vendas do país.

Juntos, eles utilizaram todo o conhecimento adquirido ao longo de suas carreiras para - como eles mesmo dizem, compartilhar informações que desvendam "a outra face sucesso". Eles compartilham aquilo que chamo de "chaves" que, quando observadas e colocadas em prática, são capazes de direcionar qualquer pessoa para alcançar os seus objetivos.

Eles mostram, por exemplo, que transpirar é mais importante que inspirar. E, ainda, provocam: se você cruzar os braços achando que o sucesso vai até você, não tenha dúvida, ele nunca chegará. Concordo. Sempre acreditei que o sucesso acontece quando a preparação encontra uma oportunidade. Entretanto, a oportunidade só acontece para quem busca, está atento, bem informado, e sempre se preparando.

Outra dica valiosa que os autores nos trazem é a importância do pensamento de gigante para ser grande. Eu costumo dizer que os empreendedores de sucesso têm algo em comum: sonham com algo grandioso, porém começam de forma pequena. Ou seja, todos têm a capacidade de sonhar com as estrelas enquanto mantém o pé no chão em relação aos custos de seus projetos.

Li e recomendo o livro Desvendando a Caixa-Preta do Sucesso. São dicas valiosíssimas para quem, assim como eu, é apaixonado por empreendedorismo.

Boa leitura.

POR JANGUIÊ DINIZ
— CAPA DA FORBES E FUNDADOR DO GRUPO SER EDUCACIONAL —

Ao receber o convite de Edgar Ueda para escrever o prefácio deste livro, escrito com Luís Paulo Luppa e em comemoração aos 12 anos de amizade da dupla, me senti lisonjeado em poder contribuir com mais uma obra de sucesso dos autores e por ser sobre um tema que eu me sinto tão à vontade para escrever.

Os autores e eu temos histórias de superação, somos oriundos de famílias humildes, começamos a empreender desde cedo, cometendo erros e acertos que nos levaram ao sucesso. Ao compartilhar com vocês o conteúdo deste livro, tenho certeza que tanto Edgar quanto Luppa querem poder contribuir com o desenvolvimento pessoal de milhares de pessoas que buscam, todos os dias, o sucesso.

No mundo corporativo e do empreendedorismo, muito se fala que, para alcançar um objetivo, é preciso ter foco nele, no seu destino, e lutar muito para atingi-lo. Não discordo. Acredito ser necessário, quando se tem um sonho ou desejo, transformá-lo em um objetivo e usar todos os recursos necessários, com muita garra e determinação, para tornar esse sonho uma realidade.

Como empreendedor, posso afirmar que os autores estão corretos ao dizer que sucesso é normalmente associado aos sentimentos e pensamentos como ansiedade, motivação, alegria, expectativa. A verdade é que sucesso é uma palavra que pode ter múltiplas acepções. É um conceito que varia de pessoa para pessoa, de cultura para cultura. Independente de qualquer coisa, todos queremos alcançar o tão almejado sucesso, seja lá o que ele signifique para nós.

Mais corretos ainda estão os autores ao dizer que o caminho de quem busca o sucesso será cheio de obstáculos e desafiador ao extremo. Que exigirá muita energia, transpiração, sacrifício, dores, renúncias, força de vontade, persistência, resiliência, paixão e muita determinação. É que o sucesso e a prosperidade estão inexoravelmente vinculados a sacrifícios e a dores, pois o músculo só cresce com elas, assim é o sucesso.

Ueda e Luppa percorrem o que eles definiram como as Sete Competências para o sucesso, desde o esforço focado e necessário para o pontapé inicial, que eles chamam de "transpiração com direção", até a consciência de que o "ser é mais importante que o ter". Cada uma das competências foi pensada minunciosamente para que os leitores possam compreender cada etapa da busca pelo sucesso, sendo sempre críticos de si mesmos e focando o que realmente é importante em toda a trajetória.

No livro, Edgar e Luppa utilizam exemplos ocorridos com nomes famosos para criar uma proximidade com o público e tornar o entendimento mais prático. Em nenhum momento, os autores esquecem a importância das relações interpessoais, de dominar a arte de vender, de aprender e se tornar especialista em negociação, de pensar grande e focar o crescimento sempre, de proteger-se mentalmente contra os pensamentos negativos e das pessoas pessimistas etc. E, de longe, o mais importante, se tiver de fazer algo, faça sempre bem-feito.

Fato é que o sucesso está ao alcance de todos. Definir o que é seu sucesso é o primeiro passo. Traçar as estratégias para alcançá-lo vem em seguida. Com tudo em mente, é preciso mover-se, atuar para seguir sempre em frente, fazendo os ajustes necessários no meio do caminho ao depara-se com alguns obstáculos. Não há outro destino para quem é disposto, determinado, motivado e sobretudo disciplinado que não o sucesso, a prosperidade e a felicidade plena.

E depois de angariar tantos conhecimentos com essa leitura, o livro se encerra com o melhor dos aprendizados: "A Caixa-preta do Sucesso não são dicas: são verdades. São botões que precisam ser acionados por você para chegar lá."

Entre o início e o fim da nossa jornada, há um caminho longo a se percorrer e que, nele, você pode viver inúmeras experiências enriquecedoras. E é nesse processo que é importante focar, muito mais do que o objetivo final. Acontece que a trilha para a concretização de um sonho geralmente é longa e tem várias etapas. Cada uma delas, quando concluídas, são pequenas vitórias a serem celebradas, fases que trazem experiência, amadurecimento e conhecimento, pois a vida é cheia de "pedaços de felicidades".

Leia com entusiasmo e aproveite cada detalhe do livro para aprender e colocar em prática seus ensinamentos. É uma obra que todos devem ter na cabeceira da cama.

São Paulo, fevereiro de 2020

PARTE 1

TODO MUNDO TEM UM ATIVADOR. QUAL É O SEU?

Não espere o avião cair!

Sempre é tempo de (re)começar

Todo mundo quer a mesma coisa

Um modelo de construção de sucesso
como você nunca viu

Afinal... qual é o seu Ativador?

NÃO ESPERE O AVIÃO CAIR!

Você deve ter lido esta notícia nos jornais, ou alguma outra bem parecida:

> Três meses depois de um grande acidente aéreo próximo a uma ilha da Indonésia, equipes de resgate conseguiram localizar a caixa-preta da aeronave, que caiu no mar. As fortes correntes marítimas e o solo lamacento dificultaram as buscas, mas o equipamento acabou sendo encontrado a 38m de profundidade, enterrado 8m no solo marinho.

> Os pilotos haviam solicitado permissão ao controle de tráfego aéreo para retornar ao aeroporto de origem, porque a aeronave apresentava problemas técnicos. Porém, 13 minutos após a decolagem, perdeu-se o contato. Todos os 189 passageiros e tripulantes morreram no acidente, cuja causa só seria conhecida com as informações gravadas na caixa-preta: as conversas entre os tripulantes da cabine e dados importantes sobre o avião e o voo.[1]

Quando cai um avião, todos ficam obcecados para encontrar a caixa-preta e entender por que ele caiu.

---

[1] Fontes: https://veja.abril.com.br/mundo/indonesia-recupera-uma-caixa-preta-de-aviao-que-caiu-com-189-pessoas/; e https://g1.globo.com/mundo/noticia/2019/01/14/indonesia-encontra-segunda-caixa-preta-do-aviao-da-lion-air-que-caiu-em-outubro-do-ano-passado.ghtml

Você também tem uma caixa-preta pessoal, na qual ficam guardados todos os seus sonhos, objetivos e metas não realizados.

Você não precisa esperar que sua vida entre em turbulências ou em uma espiral negativa para ver o conteúdo dessa caixa e compreender melhor as suas frustrações por não ter conseguido realizar seus sonhos, os sonhos dos seus filhos, dos seus pais, dos seus entes queridos.

Não espere chegar ao final de sua vida para perceber que não a viveu como poderia ter vivido.

A ideia é que você possa abrir a caixa-preta em "pleno voo", desvendar seu Ativador e conhecer as Competências que o levarão ao sucesso pessoal e profissional.

Nós vamos ajudá-lo a interpretar o impacto dos Ativadores e, desde já, aplicar em sua vida as Competências que estão nessa caixa-preta.

Você pode estar perdido, em busca de respostas, ou achando que o avião realmente vai cair.

Pode ser que você mesmo esteja, sem saber, levando o avião para uma queda; mas agora está em suas mãos o poder de virar o jogo e mudar o seu destino, colocando dentro da sua caixa de realizações uma história diferente. Uma história de conquistas e grandes feitos em sua vida.

Abrindo a caixa-preta enquanto lê este livro, você desvendará as causas de antigas dificuldades e o que vamos chamar daqui em diante de ATIVADORES DO SUCESSO.

Ativadores?

Isso mesmo. Perceba que a palavra já sugere uma ação: ATIVAR. Ou seja, impulsionar, acelerar, estimular, intensificar, reforçar, provocar, acionar.

O princípio de tudo depende de uma ação. Tudo o que acontece precisa ser acionado de alguma forma. Toda caminhada precisa do movimento do primeiro passo e dos passos seguintes, na direção certa.

E o objetivo central deste livro é ajudá-lo a identificar as ferramentas necessárias para atingir os resultados que tanto espera.

Seu Ativador o colocará em movimento, eliminando a inércia, e o encaminhará para onde você realmente precisa ir e quer estar. Vai mobilizar em você as Competências que envolvem uma série de habilidades, conhecimentos e principalmente atitudes, na intensidade ideal e no momento exato.

É hora de fazer acontecer.

SEMPRE É TEMPO DE (RE)COMEÇAR

Imagine se nós ganhássemos, ao nascer, um manual da vida, com instruções objetivas e detalhadas para o nosso dia a dia, da infância até a velhice. Ia ser mais fácil viver, mas não existe isso. E é claro que não temos a pretensão de lhe dar um manual desse tipo. Mas podemos mostrar o caminho para que tenha sucesso, porque nós o conhecemos.

Não foi de repente que descobrimos o que é o sucesso. Nenhum mago, nenhum profeta, nenhum E.T. apareceu na nossa frente revelando o segredo da prosperidade.

O que vamos lhe contar aqui é resultado de 40 anos de estrada, batalhando muito, falando, vivendo, convivendo com pessoas de sucesso e vendo pessoas de sucesso tomarem o caminho do fracasso. É fruto de inúmeras experiências bem-sucedidas e outras nem tanto. De glórias e fracassos, de comemorações e dores profundas.

O *mix* desses sentimentos e comportamentos é que fortalece a nossa personalidade e nos dá resistência para vencer os obstáculos, superar as metas e realizar nossos objetivos na vida. Trabalhamos duro desde muito cedo, começamos de baixo e fomos escalando um verdadeiro Everest, aprendendo a cada passo, sem dar voz ao desânimo, subindo sempre. E, a cada queda, recomeçávamos. Quando cair, levante-se rápido e, quando precisar recomeçar, recomece rápido; essa atitude faz toda a diferença.

Não somos consultores nem filósofos, tampouco gurus. Somos pessoas com boa formação, experiência global e cultura multidisciplinar. Sabemos que a responsabilidade do sucesso sempre esteve em nossas mãos e que precisaríamos de muita vontade, energia, determinação, persistência, resiliência e constância, tudo isso nos permitiu chegar à alta performance. Muita gente usa essa expressão sem entender seu real significado:

> **Alta performance é quando a excelência encontra a experiência.**

Estamos simplesmente compartilhando o que aprendemos em nossa caminhada.

Não somos empreendedores de livro, nem de palco, nem da mídia digital. Somos empreendedores na vida real. Usamos os livros, os palcos e as mídias digitais para compartilhar o que acreditamos que funciona. E este livro não é de autoajuda nem de culinária: não tem uma receita, do tipo "quebre três ovos, coloque farinha, leite e outros ingredientes...", para fazer um bolo.

Imagine agora que, ao seu lado, existem sete grandes botões. Você olha, não sabe o que são, então acha melhor não tocar neles.

Esses botões são as Sete Competências! São roteiros seguros e práticos para o sucesso, impulsionados pelo Ativador, que acelera sua caminhada.

No entanto, o tempo não para, e as oportunidades não ficam esperando até você perceber que elas estão ali, ao seu alcance.

Tem gente que passa a vida inteira e não aperta esses botões. Você, porém, não precisa mais esperar. Pode ser agora.

Sempre é tempo de (re)começar, desde que você acelere com firmeza. E este livro é um verdadeiro acelerador!

Se você não dominar algumas atitudes, conhecimentos e habilidades, não alcançará o sucesso. Se fizer "mais ou menos", ficará a vida inteira se perguntando por que não conseguiu chegar ao seu objetivo. Depois não reclame se alguém chamá-lo de "meia-boca".

A CAIXA-PRETA DO SUCESSO está aqui, à sua disposição.

Estamos abrindo e desvendando o passo a passo de como chegar lá.

> *Seja expert em finalizar. Não se contente com iniciativas, seja "acabativo"!*

Vamos juntos percorrer cada página, degustando e absorvendo o conteúdo com atenção.

Assim, não temos dúvidas de que você será capaz de acionar seu Ativador e perceber os botões virtuais que chamamos de Competências e que estão bem aí, ao seu lado. Na verdade estão ao lado de qualquer pessoa, mas a imensa maioria insiste em não vê-los e não ativá-los.

"Botões virtuais", foi o que dissemos. Sabe o que significa *virtual*?

É o que existe potencialmente, ainda não como realidade, mas que pode se tornar real. Como? A resposta está na própria origem dessa palavra, no latim medieval: força, ânimo, excelência, eficácia, potência, capacidade.

Portanto, os botões são virtuais mas as Competências existem, são reais.

Para que você realmente tenha sucesso, não adianta alguém lhe dizer como se faz. Você precisa ter domínio sobre o que está fazendo. E além de ser um especialista na sua área — medicina, direito, música, engenharia, o que for —, em qualquer profissão você precisa dominar a arte de manter as pessoas conectadas a você.

Você conhece *Os Vingadores*? Isso mesmo, aquele filme que arrebentou nas bilheterias em todo o planeta.

A equipe de "Super-heróis Mais Poderosos da Terra"!

Eles surgiram como história em quadrinhos e ninguém imaginava que seriam o maior sucesso de bilheteria de todos os tempos, no cinema. Reúnem um conjunto de habilidades. Têm suas diferenças, brigam entre si, mas conseguem se unir em uma equipe coesa para combater extraordinárias ameaças à humanidade. Tem um que atira com arco, outro que é estrategista, e quem acaba salvando todo mundo é o Hulk, o cara que fica verde e cresce, incontrolável; o autêntico pit bull. Claro que estamos citando uma das versões, de tantas que existem com esses personagens, inclusive uma série que reuniu os Vingadores e a Liga da Justiça, da qual faz parte o Super-Homem, que é cheio de poderes, mas que pode ser derrubado por uma pequena pedrinha de kriptonita no seu caminho.

Esse é um bom exemplo, porque o caminho do sucesso é assim. Um conjunto de habilidades e de atitudes, muitas vezes pesadas e difíceis. Mas sempre muito concretas.

Tem gente que lê sobre sucesso e começa a falar a respeito, propaga, sobe no palco, escreve livros, impulsiona frases edificantes nas redes sociais, ostenta milhares de seguidores... mas sem viver essa escalada na prática não se chega a lugar nenhum. Sem trilhar um caminho, não se pode ensinar a caminhar.

Com os Ativadores e as Competências do sucesso, nossa proposta é compartilhar experiências de uma forma simples, objetiva e didática. E, principalmente, de um modo que funcione.

Mostrar e provar como fizemos, como colhemos e como conseguimos manter os resultados.

Não acreditamos em fórmulas que de repente fazem a pessoa enriquecer. Isso pode enriquecer quem vende a fórmula, mas não necessariamente quem a compra. O sucesso de verdade é resultado de uma sequência de conquistas que vão se acumulando. Fazemos analogia do sucesso com os juros compostos, porque sempre foi e tem sido assim em nossas vidas: vamos acumulando capacidades, conhecimentos, *networking*, experiências, pequenas e grandes ações, que rendem resultados como se fossem juros sobre o capital que se acumula, crescendo cada vez mais.

Esse sucesso, sim, é possível, consistente, alicerçado na realidade. Só que não é tão fácil.

Mas... o que é sucesso para você, afinal? Cada um tem sua definição.

O que vamos mostrar nos sete capítulos posteriores a este são as Competências que poderão tornar realidade o seu padrão de sucesso. Aonde você deseja chegar e onde deseja estar. Porque seu próprio sucesso, caro amigo, cabe a você mesmo definir. E conquistar.

TODO MUNDO QUER A MESMA COISA

Eu, Luís Paulo Luppa, já havia perdido a conta de quantas vezes tinha ido a um posto de gasolina abastecer o carro ou tomar um café na loja de conveniência, mas houve uma vez, em especial, que é muito fácil de lembrar e difícil de esquecer.

"Quer calibrar o pneu?", perguntou o frentista. Desci do carro e disse: "Pode ser." Então começamos ali um bate-papo daqueles bem informais.

Seu nome era Antônio. Reclamava um pouco da vida, e eu tentei lhe transmitir uma visão mais positiva, dizendo que todos nós temos a possibilidade de crescer, quando ele me disse:

"Sou *apenas* um frentista!"

"E eu sou apenas um vendedor", retruquei.

Ele ficou me olhando, surpreso com minha resposta, e eu completei:

"A palavra 'apenas' não vai te ajudar muito. Seja positivo!"

Nesse exato momento encostou uma reluzente BMW, para abastecer, e Antônio insistiu em seu pessimismo:

"O senhor acha que, por exemplo, algum dia eu vou ter uma dessas?"

O papo esquentou de vez, e eu parti com tudo:

"Meu amigo, você acha que o dono dessa BMW é diferente de você? Acha que ele tem três pernas, quatro braços e duas cabeças? Ele veio ao mundo da mesma forma que você! O que ele fez ao longo da vida é que deve ter sido diferente do que você fez até agora."

Antônio ficou mais surpreso ainda. Sem ligar para sua expressão de descrença, continuei:

"É claro que você ou qualquer pessoa pode ter uma BMW dessa, ou um carro ainda melhor, também pode viajar para qualquer parte do mundo e conquistar o que quiser na vida."

Ele me interrompeu de novo:

"O senhor já viu um frentista de sucesso?"

"Não sei", respondi, "mas já vi empresário de sucesso que começou a vida trabalhando como camelô e vendedor de água na praia, e seria absolutamente normal ver um frentista virar um empresário de sucesso".

Ouvindo isso, ele ficou pensativo, em silêncio por um bom tempo, e arrematei:

"Antônio, meu amigo, vou lhe dizer uma coisa antes de partir: seja feliz com o que você tem, enquanto persegue o que não tem. Sorria para a dificuldade e viva a vida com intensidade."

Isso faz bastante tempo. Nunca mais vi o Antônio no posto, nem soube mais da sua vida. Mas aprendi com muitas pessoas que treinei ao redor do mundo uma verdade simples e curiosa: todo mundo quer a mesma coisa.

Isso mesmo, todos querem, de uma forma ou de outra, a mesma coisa:

Sucesso pessoal e profissional.

Somos muito centrados no QUÊ. Todos sabem o QUÊ querem, mas poucos sabem COMO alcançar o que almejam. E muito menos o PORQUÊ.

Quer ser uma pessoa de sucesso? Ok. Então, como e por que fazer alguma coisa para ativar o sucesso em sua vida?

O que você verá nas páginas que se seguem é focado principalmente no COMO e no PORQUÊ.

Por exemplo, se está em São Paulo e me diz que pretende ir para o Rio de Janeiro, eu lhe pergunto COMO você vai para o Rio, e você me responde que irá de carro. Poderia dizer também que iria de ônibus, ou de avião, moto, bicicleta, ou até a pé, mas sua escolha é ir de carro. Em seguida eu lhe pergunto o PORQUÊ dessa escolha. "Ah, eu vou de carro porque é mais tranquilo para mim, gosto de dirigir na estrada, e não tenho pressa de chegar lá."

Simples, não é? Deu três bons motivos para a escolha que fez. A vida são escolhas!

E você, que invariavelmente já sabe o QUÊ, ao conhecer a Caixa-preta do Sucesso compreenderá um pouco melhor o COMO e o PORQUÊ para fazer as melhores escolhas.

UM MODELO DE CONSTRUÇÃO DE SUCESSO COMO VOCÊ NUNCA VIU

Quando você adquire um livro, sua expectativa é ler um monte de coisas bacanas e extremamente motivadoras. Mas isso não garante que terá bons resultados em sua vida...

Não vamos lhe dar nenhum segredo mágico para chegar ao topo da montanha do sucesso. Você verá que não basta subir. Tudo aquilo que sobe rápido demais pode cair muito rápido também. Por isso, no mundo corporativo, a consistência e a experiência são as melhores traduções de maturidade profissional. É com a maturidade que você se torna capaz de atingir a excelência e a mais alta performance, exatamente porque nessa etapa da vida você reúne consistência e experiência.

Também não estamos nos propondo a teorizar sobre a construção do sucesso pessoal e profissional. Este livro, portanto, não tem cunho educacional e não foi escrito em tom professoral. Mas podemos afirmar, sem medo de errar, que os conteúdos da caixa-preta compartilhados com você através das SETE COMPETÊNCIAS são muito mais profundos e efetivos do que qualquer teoria, porque têm por base a experiência concreta de quem aprendeu fazendo.

Estamos aqui para revelar um modelo de eficácia comprovada, formulado a partir do conhecimento, do entendimento e da aplicação prática das principais Competências do sucesso.

Decidimos revisitar nossa experiência de vida como empreendedores, nossas vivências e bagagens pessoais e profissionais, toda nossa energia do palco, e dizer:

É possível ser feliz!

É possível ter sucesso!

Você pode chegar lá!

É possível virar o jogo e dar a volta por cima!

É possível viver em outro patamar!

É possível ser um motivador, inspirador e provocador de mudanças!

É possível deixar seu legado!

É possível fazer o impossível!

É possível fazer o que você quiser fazer e realizar!

Acontece que o sucesso é bastante amplo e difícil de dimensionar. Para você, pode ser uma coisa e, para nós, outra.

Depende muito da fase da sua vida.

E depende muito da sua concepção de vida.

Em uma visão primária, invariavelmente o sucesso está relacionado com dinheiro.

Mas, para muitas pessoas que já alcançaram esse patamar, ter sucesso é ter saúde ou mais saúde, ter sucesso é ter bons amigos, estar mais próximo dos familiares, ou simplesmente sucesso é sentir a presença de Deus, perto e dentro de você. Ou qualquer outra coisa; você decide o que é sucesso.

Vamos abordar o sucesso sobretudo no âmbito corporativo, porque, no sentido mais amplo, o sucesso pode significar para cada pessoa uma razão ou um sentimento. E pode ser cíclico.

Para o Pedrinho, sucesso seria ter muito dinheiro. Mas o Michael Jackson era bilionário e morreu triste, por uma overdose de remédios tarja preta.

Sucesso para a Maria pode ser um casamento feliz e muitos filhos. Para a Joana, pode ser morar no exterior. E assim vai.

Não pense no sucesso como um sonho de vida.

Sonho gostoso e prontinho para desfrutarmos sem esforço... só na padaria. Em nossa vida devemos ter planos, metas e objetivos claros, de preferência com números e prazos para serem concretizados!

Ninguém veio a esse mundo para sofrer e ser um coitado. São as más escolhas que trazem como consequência essa perdição. Mas sempre é possível fazer novas escolhas.

Abrindo a Caixa-preta do Sucesso e caminhando pelo franco entendimento dos seus Ativadores e das Competências, ajudaremos você a ser uma pessoa melhor.

Bom profissional e boa pessoa são características que se completam, formando a personalidade humana. Acreditamos fortemente nisso.

Como ser "o cara"? Como chegar lá? E como se manter no topo, incorporando o sucesso como uma característica de sua personalidade? As Sete Competências vão responder a todas essas perguntas.

Sucesso é uma palavra-chave na vida de todos nós. Uma palavra tão forte que só perde para JESUS e DEUS.

Todo mundo quer ter sucesso. Mas, afinal de contas, onde encontro isso?

Está à venda em algum lugar?

Já tem algum aplicativo nesse sentido?

Tem curso universitário sobre sucesso?

Tem uma receita certeira que a gente usa e chega lá?

A resposta é não!

Sucesso não é refrão de música, não é desejo impossível, não é mágica.

Não existe receita de bolo para o sucesso, nem existe bala de prata para chegar lá. Se quiserem lhe vender sucesso fácil e rápido, fuja, porque são batedores de carteira.

Sucesso é processo, são fases a serem percorridas, desafios a serem enfrentados e que conseguimos superar praticando a coragem e a determinação de vencer.

Felicidade, bom humor e sinceridade são combustíveis importantes para a jornada.

Embarque conosco nessa viagem, seja de classe econômica ou de executiva, para o Japão ou para a Lua.

Quando você chegar ao seu destino, ao olhar para trás e perceber todo o caminho percorrido, tudo aquilo que conquistou e realizou, poderá afirmar com alegria:

Sucesso vale a pena!

AFINAL... QUAL É O SEU ATIVADOR?

Importantes estudos de comportamento humano comprovam que grandes transformações acontecem na vida das pessoas a partir de situações extremamente difíceis. O desafio de vencer infortúnios e adversidades aciona uma força impressionante, que existe dentro de nós, embora pareça ser sobre-humana.

Em situações-limite, o ser humano é capaz de fazer coisas que costumam ser consideradas impossíveis. Encontra forças na necessidade de superar obstáculos aparentemente intransponíveis. Em vez de ficar preso na dificuldade, aposta na certeza de que conseguirá dar a volta por cima, e se fortalece na escalada.

Se uma pessoa cai no fundo de um poço, pode reagir de duas formas: ou se entrega àquela situação, se lamentando e ali ficando até morrer, ou dedica todas as suas forças e sua determinação para superar aquele problema e se libertar.

Qualquer infortúnio pode desencadear um impacto emocional positivo ou negativo. O que alguns enxergam como fracasso e derrota, para outros pode ser um lugar de recomeço, o início de uma história vitoriosa. Hora de arrebentar as correntes e seguir na direção de seus objetivos.

Vamos fazer um exercício de imaginação para ver como você enfrentaria situações como estas.

Imagine, por exemplo, se...

- ... sua empresa quebrasse e você ficasse com uma dívida de milhões, mas decidisse não se entregar à depressão. Então, você olha para o espelho e dá um tapa no próprio rosto, dizendo: "Acorde e vá à luta, você caiu em um buraco e agora precisa sair dele!"
- ... a empresa onde trabalhava tivesse que demitir metade do pessoal e você se visse desempregado, passando vários meses em busca de um novo emprego sem conseguir. Então está em uma atividade informal que não é suficiente para pagar seu aluguel ou o financiamento de sua casa, e corre o risco de ficar sem moradia para sua família, mas sabe que é capaz de superar essa etapa difícil.
- ... aos 18 anos, parece que ninguém acredita em você: família, amigos, professores, ninguém valoriza nem reconhece o seu potencial. Então você percebe que não precisa depender dos outros para acreditar em si mesmo, e resolve construir a própria vida.
- ... você convivesse com uma pessoa negativa, sentindo-se emocionalmente frágil por causa disso. Embora não tenha autonomia financeira para seguir em frente, sabe que precisa arrebentar as correntes.
- ... você se visse sem ninguém ao seu lado, surpreendido com o diagnóstico de uma grave doença, e precisasse conseguir qualquer trabalho, mesmo que fosse em um nível muito abaixo de sua capacitação, para sobreviver, alimentar seus filhos e ainda ter condições de fazer um tratamento médico.
- ... você recebesse de Deus uma criança com necessidades especiais que precisará dos seus cuidados pela vida toda.

- ... você se encontrasse em um momento decisivo da vida, sabendo que para alcançar seus objetivos precisaria trocar de faculdade, de cidade, de país, sair da casa dos pais, ou acabar com um relacionamento que há vários anos está prejudicando o seu crescimento.

- ... alguém da família, muito próximo, estivesse sentado no corredor de um hospital do SUS, sem dinheiro para o tratamento, e você precisasse ajudar a tirá-lo daquela situação, mas não conseguisse recursos para isso. Ou talvez precisasse sustentar o tratamento de seus pais enfermos, durante muitos anos.

Pode ser que você nunca tenha vivido uma situação-limite, um contratempo fora do comum, mas percebe de repente que a realidade em que está vivendo não vai oferecer nenhuma oportunidade de decolar rumo a uma vida realmente próspera. Olhe em volta e compreenda que, se deixar seu dia a dia continuar como está, você nunca sairá da condição de vida limitada, medíocre e precária que aprisiona a imensa maioria das pessoas.

Ou sua empresa não quebrou, mas encontra-se estagnada ou perdendo mercado a cada dia, e você precisa reunir condições para fazer um *turnaround*, uma profunda virada estratégica, em todos os setores, inclusive nos seus próprios conceitos e no seu estilo de gestão, para não perder todo o investimento de muitos anos.

Algumas dessas situações têm relação com sua história de vida?

Se não tiver, qual é a situação experimentada por você que representaria um poderoso motivo para a ação?

O que o ativará para sair de sua atual zona de conforto, talvez de um lugar em que você esteja parado, travado, sem perceber que pode estar entrando em um estado de depressão?

O que o impulsionaria a encontrar forças para alcançar uma realidade completamente oposta, um nível realmente alto em suas condições de vida, um patamar de sucesso que você até hoje não se sentia em condições de conquistar?

Procure identificar que tipo de dificuldade já experimentou ou está vivenciando hoje, e que pode despertar em você aquela vontade de vencer, aquele brilho nos olhos, aquela paixão interna, indestrutível, de ser um campeão, aquela certeza de que nada vai tirá-lo do caminho que você traçou.

O que você via até agora como dificuldade passará a ter outro significado: será o grande Ativador de sua trajetória para o sucesso.

E então?

Qual é o Ativador que fará você se transformar de fato em uma máquina de resultados?

Que Ativador você acionará para mudar o seu destino, até fazendo história, construindo um grande império e deixando um maravilhoso legado?

Grande império? Maravilhoso legado? Sim. Por que não?

Quem define o seu limite é o seu olhar, a sua visão de futuro. É você quem determina a amplitude do seu próprio horizonte.

Não tenha medo de assumir suas grandes aspirações. Você pode mudar a sua vida completamente, acionando o Ativador que o ajudará a adquirir competências para uma verdadeira guinada em seu caminho.

Afinal, qual é o seu grande Ativador?

Está na hora de acioná-lo, para subir até o topo.

ASSISTA AGORA À ENTREVISTA EXCLUSIVA COM WAGNER RIBEIRO

"FAÇA UM PROJETO DE CARREIRA E COM CERTEZA TERÁ RETORNO NO FUTURO."

— WAGNER RIBEIRO

ACESSE:

O HOMEM DAS ESTRELAS COMO FICOU CONHECIDO "WAGNER RIBEIRO" ALGUNS NOMES COMO NEYMAR, ROBINHO, KAKÁ, LUCAS LIMA, GABI GOL, COMO INÚMEROS OUTROS GRANDES JOGADORES ESTÃO NA LISTA DE WAGNER. RIBEIRO CONSTRUIU UMA CARREIRA SERVINDO COMO A PONTE PARA A EUROPA PARA PROMESSAS DO FUTEBOL BRASILEIRO. A CARREIRA DE MUITOS ACERTOS E POUCOS ERROS TROUXE AO EMPRESÁRIO ENTRADA NOS PRINCIPAIS CLUBES DO BRASIL E DO MUNDO.

PARTE 2

COMPETÊNCIAS PARA O SUCESSO

1. TRANSPIRAÇÃO COM DIREÇÃO
2. RELACIONAMENTOS
3. DOMINAR A ARTE DE VENDER
4. NEGOCIAR PARA GANHAR SEMPRE
5. ACELERAÇÃO ESTRATÉGICA
6. O PODER DO ESCUDO
7. É MAIS IMPORTANTE SER DO QUE TER

COMPETÊNCIA 1
TRANSPIRAÇÃO COM DIREÇÃO

TRANSPIRAR É MAIS IMPORTANTE QUE INSPIRAR

É claro que em algum momento você já ouviu falar do Cafu, lateral-direito da seleção brasileira em várias copas do mundo de futebol.

Com certeza, ele não foi o lateral mais técnico que já vestiu a amarelinha. Rapidamente podemos nos lembrar aqui de outros grandes craques dessa posição, como Carlos Alberto Torres, Leandro, Jorginho, gente que chamava a bola de "você".

Mas ninguém foi tão marcante quanto Cafu.

Não porque ele levantou a taça da Copa do Mundo em 2002 usando uma camisa em que estava escrito "Sou Jardim Irene", mas por sua extraordinária capacidade física, comprometimento com o esquema tático e uma incrível disponibilidade durante os 90 minutos do jogo, com um fôlego de dar inveja a qualquer triatleta.

Cafu sempre transpirou muito mais do que inspirou. E o resultado é que ele é um incontestável vitorioso em nível mundial.

Traduzindo: um cara de sucesso!

No mundo corporativo, os executivos de ponta são obcecados por aquilo que tem glamour, e algo que faz brilhar os olhos de todos esses caras de terno e gravata é se manter no campo estratégico, e não só no operacional.

Bacana mesmo é quando eles podem desfilar pelo aeroporto, de preferência na área internacional, fazendo questão de exibir ao mundo que estão em missão de trabalho e que cruzarão fronteiras para resolver problemas para a sua empresa.

Que orgulho...

Não há dúvida de que muitos deles teriam até dificuldade em explicar de maneira sucinta o que é estratégia, enquanto outros nem saberiam formatar um planejamento estratégico. Mas é aquele negócio, tudo isso é chique, né?

Quanto vale a pessoa poder dizer assim:

"Criei uma estratégia matadora!

Sabe quanto vale? Muito pouco!"

Porém, muito mais simples e mais importante que uma boa ideia é a execução em tempo real, com eficácia e eficiência indiscutíveis.

Logo você vai perceber que o sucesso de uma empresa não está na mão apenas dos "caciques", mas sim da equipe como um todo. Um bom líder estrategista e um bom time de executores formam um conjunto que potencializa e maximiza as possibilidades dentro de qualquer empresa.

Quem ganha o jogo nunca é o presidente da organização, ou os diretores, pois, quanto maior é a empresa, mais complexo se torna o desafio de execução, portanto quem ganha o jogo é o meio-campo. Essa turma é a que transpira mais, mesmo inspirando menos. São eles que sabem distribuir, delegar e, em alguns momentos, cobrar.

Sempre investimos pelo menos 70% do nosso tempo na gestão de pessoas do meio-campo, porque quem transpira é que faz a diferença.

Claro que todos desempenham um papel importante dentro de uma empresa, e, se todos suarem a camisa e se engajarem como o dono do negócio, tudo ficará mais fácil. Acreditamos que o melhor colaborador é aquele que se comporta como intraempreendedor. Imagine se todos chegassem alguns minutos ou horas antes do horário do início habitual do expediente, ou se todos ficassem minutos ou horas além do seu horário tradicional de trabalho, se todos investissem e/ou economizassem como se fossem os donos, como seria essa empresa?

> *Você acha que conseguirá algum sucesso sem suar a camisa de verdade? Preste atenção a esta notícia: não vai!*

Cristiano Ronaldo, Messi, Oscar Schmidt e inúmeros atletas de alta performance costumam entrar em campo antes de todos os outros e são os últimos a sair. Têm feito isso ao longo de décadas, para se manterem no topo de suas profissões.

Seja você assim também, transpire de verdade, pois dessa forma certamente será notado e valorizado.

Entretanto, precisamos dizer que quando você realmente está disposto a dar tudo de si, ou seja, transpirar mais do que o normal, acaba renunciando a muitas coisas boas da vida.

É praticamente impossível construir um grande sucesso mantendo o equilíbrio entre a vida profissional e a vida pessoal durante a trajetória de construção e crescimento.

Todas as pessoas realmente bem-sucedidas que conhecemos ficaram décadas sem entrar em uma academia, passando fora de casa centenas de dias e noites do ano, emendando fins de semana, praticamente sem tempo para o lazer e o convívio familiar.

> *Sucesso exige sacrifício mesmo. E se você não está disposto a isso, pare a leitura aqui. Mas se quiser chegar lá, saiba como aliar inspiração e transpiração.*

As pessoas olham o Bill Gates hoje, mas nem todos sabem daquele rapaz que começou a trabalhar muito cedo com programas de jogos eletrônicos, que aos 17 anos desenvolveu um software para leitura de fitas magnéticas e, aos 20, um sistema de interpretação de linguagem para computadores que lhe rendeu o suficiente para fundar a Microsoft.

Vale a pena estudar a biografia de Bill Gates, Henry Ford, John D. Rockefeller e conhecer também a história de grandes empreendedores brasileiros como Sílvio Santos, Jorge Paulo Lemann, Flávio Augusto e Abílio Diniz. Pergunte a qualquer um desses batalhadores que chegaram ao topo quanto tempo livre eles tinham na época de crescimento.

No nosso caso, antes de atingir nosso objetivo, não conseguimos equilibrar o tempo dedicado ao trabalho com outras dimensões da vida, porque exageramos no trabalho e na transpiração. Entretanto, esse exagero é por um propósito em que a gente acredita. Às 22h podemos iniciar uma reunião e, às 5h, já passar as orientações para a equipe de vendas. Nem é o caso de dizer que nesse pique acelerado não temos tempo livre, porque essa é nossa livre escolha. Não dava nem para pensar em fazer yoga, pilates e coisas do tipo.

Imagine o que é acordar no início do mês sabendo que você tem alguns milhões de reais em contas a pagar. Como é que você vai jogar tênis? Fazer yoga? Ou ficar em retiro durante 15 dias? Estamos falando do dia a dia, do ritmo do sucesso, da montanha-russa da pessoa de sucesso, da trajetória até chegar lá. No entanto, é claro que, para essa chegada, cada um determina qual é a grandeza e em qual velocidade a quer alcançar.

> *Se você cruzar os braços achando que o sucesso vai até você, não tenha dúvida: ele nunca chegará.*

"Quando você quer alguma coisa, todo o universo conspira para que você realize seu desejo." Essa frase está no livro *O Alquimista*, do escritor Paulo Coelho,[1] e foi replicada por centenas de autores de livros de autoajuda. Muita gente começou a repetir isso mentalmente ou em conversas do dia a dia.

Tudo bem, a frase faz todo sentido no seu contexto, mas não são poucas as pessoas que entendem essas palavras como se bastasse desejar, sem arregaçar as mangas, sem trabalhar duro pela concretização de seu objetivo. "Ah, vou ficar aqui deitado na rede, sintonizado nesse propósito. Enquanto isso, o Universo vai providenciando..."

É o mesmo que ficar ouvindo aquele samba "Deixa a vida me levar" e aplicando em sua vida o que escutou na voz de Zeca Pagodinho: "Se a coisa não sai do jeito que eu quero / Também não me desespero / O negócio é deixar rolar..." Que resultado pode vir desse tipo de acomodação?

Acontece que a origem daquela frase sobre o universo é bem mais antiga. É de Johann Goethe (1749–1832), escritor e cientista alemão: "Quando uma criatura humana desperta para um grande sonho e sobre ele lança toda a força de sua alma, todo o universo conspira a seu favor."

Atenção a este detalhe: "... e sobre ele lança toda a força de sua alma..."

Percebeu? "Toda a força de sua alma" inclui arregaçar as mangas e trabalhar duro, transpirar muito!

---

1 Coelho, Paulo. *O alquimista*. São Paulo: Companhia das Letras, 2017.

O livro *Kintsugi — O poder de dar a volta por cima* (UEDA), ao apresentar o "princípio do trabalho duro", cita a fórmula 5A-6D-12H, usada pelo autor para conquistar seu sucesso. Essa fórmula corresponde ao período de 5 anos trabalhando 6 dias por semana em um regime de 12 horas por dia. A expectativa e a meta eram essas, mas alguns dias o trabalho chegava a durar 14 ou até 16 horas, e nem sempre havia folga aos domingos. Ou seja, muito mais do que suar, o regime adotado, por sua própria escolha, foi trabalhar duro para conquistar um grande objetivo na vida.

Essa é uma característica das pessoas realizadoras, que partem para a ação (*go to action*). Entram em campo para jogar. No entanto, isso não é tudo. A intensidade do jogo é que faz toda diferença, por isso falamos aqui sobre transpiração, e mais adiante vamos falar também de aceleração.

Cabe ressaltar que não adianta sair correndo para qualquer lado sem inspiração. E se você não se sente inspirado, então se agarre em uma orientação segura e ousada.

> *Uma pessoa que só transpira é um burro motivado.*

Imagine aquela pessoa feliz, cheia de entusiasmo, porém fazendo tudo errado. Essa é a foto do profissional que transpira, mas não inspira. Um perigo.

Não há demérito em não criar estratégias, pois cada uma tem a sua função e o seu lugar no jogo. Pense em um grande estrategista como Napoleão Bonaparte: se não tivesse um monte de soldados para atirar e entrar na guerra com transpiração, certamente não seria um dos grandes líderes da humanidade.

É mais ou menos assim:

Não dá para bater o escanteio e sair correndo para cabecear.

Cada um na sua, e todos são muito importantes.

A diferença é que existe um dispositivo indispensável para qualquer cargo, qualquer função, que é a tal da *transpiração*.

Não dá para você apostar em alguém que não tenha força de trabalho. Estamos falando de bastante força, uma força muito acima da média.

Pense ao contrário e isso facilitará sua avaliação:

Você contrataria uma pessoa preguiçosa para trabalhar na sua empresa?

É quase isso...

Para citar como exemplo um de nós, vamos falar do Luppa, que construiu um verdadeiro império no segmento do turismo mundial, o Grupo TREND, um grupo de sete empresas dentro e fora do Brasil, que realizava mais de nove mil transações online por segundo. E cada novo colaborador que entrava na empresa passava por um refinado processo de admissão e integração, que durava uma semana, e nesse treinamento estava inserido um vídeo do Luppa que pregava os três valores que a empresa não estava disposta a negociar com ninguém:

- Justiça
- Verdade
- Força de trabalho

Observe bem: força de trabalho, ou seja, transpirar! Ou seja, as coisas eram claras desde o início.

> *Você prefere suar ou sangrar?*
> *Quem sua bastante nos treinos não sangra durante o jogo. E dessa forma cresce, vence, realiza, conquista e faz história.*

Sempre suei muito nos treinos para não sangrar dentro de campo. Aprendi a ser assim porque sangrei algumas vezes, e quando sangra, se for alguém que realmente persegue o sucesso, você não quer mais sangrar. Obviamente não estou falando de sangue físico, mas sim de muita dor, muito sacrifício pessoal. Quem leu meu livro Kintsugi sabe da minha história. Nasci em uma família de trabalhadores rurais. Eu tinha menos de 2 anos quando meu pai nos abandonou. Aos 9 anos vi minha mãe deixando de comer enquanto servia a mim apenas um prato com feijão, o único alimento que havia em casa naquele dia. Para mim era o melhor feijão do mundo, lembro até hoje do gosto e do cheiro, mas o que mais me recordo é das lágrimas de minha mãe, quando perguntei se ela não comeria. E ela, chorando, me respondeu que estava sem fome! Naquele dia, pela primeira vez, eu sangrei muito por dentro e prometi a mim mesmo que por falta de comida não sangraríamos mais, queria mudar a realidade da minha família e da minha vida. A partir desse dia comecei a trabalhar para virar o jogo. Virei entregador de leite aos 9 anos, fui para o Japão aos 19, morei lá por nove anos e meio, trabalhei em fábricas como operário e na construção civil, também me tornei executivo de uma grande empresa e, posteriormente, empreendedor, muitas vezes com uma jornada de 14 horas por dia, inclusive debaixo de neve. Houve uma época, logo em minha chegada ao país, em que eu chorava todos os dias, longe da minha família, sem saber falar japonês, naquele frio terrível, então comecei a pensar naquela frase: no pain, no gain (sem dor, sem ganho; sem sacrifícios, não há resultados). Doía, mas não chegava a ser um sofrimento, porque eu queria sair daquela vida de pobreza, vida de escassez. E tinha certeza de que conseguiria. Claro que com 19 anos você tem condição de apanhar bastante, mas não quer ficar a vida inteira apanhando desse jeito. Então decidi que, se eu tivesse que suar, deveria ser principalmente antes do jogo, antes de entrar em campo. Então estudo muito, me desenvolvo demais, treino demais, me preparo demais. Costumo fazer dez vezes esse tipo de pergunta: E se der errado? E se não vender? E se o meu cliente desistir...? E se meus colaboradores não performarem? E se o mercado mudar? E se... E se...? Faça essas perguntas e você encontrará outras respostas, não somente isso, mas se preparará de maneira diferente antes de entrar em campo. Faço treinamentos e exercícios exaustivos para estar muito bem preparado na hora do jogo. E aprendi a importância de acelerar, para queimar etapas e alcançar resultados ainda maiores em menos tempo. Descobri que muito melhor do que trabalhar 8 horas diárias por um mísero salário é trabalhar 12 horas ou mais para realizar um plano maior, realizar um sonho, atingir uma meta, construir um império, deixar um legado, desde que seja do modo certo e na direção certa, norteado por um conjunto de fatores que nos levem à vitória. (UEDA)

Vamos entender, na prática, a diferença entre dor e sofrimento. Por exemplo, digamos que em determinado momento da sua vida você precise pegar um ônibus todos os dias às 5h da manhã, levando 2 horas para chegar ao trabalho. Digamos que, nas 2 horas do trajeto de volta para casa, você fique pensando assim: "Eu não aguento essa vida de dormir pouco e ficar 4 horas por dia em um ônibus cheio!" É... você está sofrendo. Se, porém, você pega o mesmo ônibus falando para si mesmo: "Preciso ficar 4 horas por dia neste ônibus indo para o trabalho e voltando, todos os dias, mas estou conseguindo levar comida para casa, estou pagando uma faculdade e logo vou sair disso, para uma etapa bem melhor em minha vida." Pode estar doendo, mas não é sofrimento, pois você está encarando como investimento.

"Puxa, que vida é essa, amanhã já é segunda-feira! Vou ter que ir logo cedo para aquele emprego chato e cansativo!" Se no domingo à noite alguém lhe fala isso, é óbvio que está sofrendo. Não tem nada a ver com aquela dor de quem está treinando para ficar mais forte e preparado. Para quem não gosta do trabalho e não sente prazer em sua jornada, segunda-feira é realmente um dia péssimo. E nos dias seguintes essa pessoa fica torcendo para que a sexta-feira chegue logo. E a cada ano que passa nessa infelicidade, conta quanto tempo falta para a aposentadoria. Nada além disso. Não evolui, não prospera.

Em contrapartida, quem curte a jornada não vê a hora de entrar em campo. Quando chega a tarde de domingo, já está animado com os planos de uma ótima semana. De segunda a sexta-feira é uma vibração. A cada momento, cada dia, cada ano, novos desafios são enfrentados com garra e muita sede de vencer.

> **"Quem corre por gosto não se cansa", diz um velho ditado que hoje se aplica perfeitamente à maratona da vida.**

Muitos acreditam que o sucesso é fruto da inspiração. Claro que é, mas não só de uma ideia brilhante se faz o sucesso. Um *insight* genial pode evaporar no esquecimento ou no fracasso se não for colocado em prática com muita energia e transpiração.

Entretanto, transpirar muito gera aquela vontade desenfreada de fazer, de vender, de conquistar, de faturar, de realizar, uma atitude agressiva no melhor sentido da palavra, mas é preciso foco, planejamento e estratégia para que essa agressividade não fique à deriva, sem rumo.

Trabalhar duro é essencial, mas precisa ter um sentido de direção. Precisa ser complementado por outros elementos imprescindíveis para o sucesso. Não adianta se esfolar durante horas a fio debaixo do sol manejando uma enxada ou assentando tijolos sem ter um plano da obra que você está construindo. O esforço é necessário, mas deve ter como base um conjunto de fatores que conduzam à vitória.

Você tem que achar o equilíbrio entre transpirar e inspirar. A inspiração indica o rumo, e a transpiração abre o caminho. Sem esse *mix*, inspiração + transpiração, não se chega a levantar troféu nenhum, sequer se chega ao pódio.

Entretanto, esse equilíbrio não impede que a transpiração tenha mais peso que a inspiração. Isso pode fazer toda a diferença no cenário de concorrência acirrada que vivemos no mundo de hoje.

Rapidez e volume de trabalho são tão importantes que a Competência do Sucesso que abre este livro é dedicada à transpiração.

E como transpirar com o máximo de eficácia?

TRANSPIRAÇÃO PRECISA DE METAS CLARAS E ALCANÇÁVEIS

Não adianta estabelecer como meta o topo do Everest se, até chegar lá, existem centenas de etapas a serem vencidas. A maioria das pessoas se frustra com as metas, porque muitas vezes elas estão muito distantes, difíceis de serem alcançadas. É melhor pensar em micrometas, degrau por degrau, até o lance final. As metas de alcance rápido geram satisfação no trabalho e maior tolerância ao estresse.

TRANSPIRAÇÃO PRECISA DE DISCIPLINA E DETERMINAÇÃO

Disciplina é você não se enganar. O indisciplinado engana a si mesmo. É saber o que deve ser feito, o que não deve ser feito, e como, onde, quando e por que realizar qualquer atividade, das menores tarefas às mais importantes funções.

Determinação é permanecer firme no seu propósito, com resiliência, superando frustrações, sem se desviar do objetivo final. Muitos fracassam simplesmente porque param de tentar.

TRANSPIRAÇÃO PRECISA DE INTELIGÊNCIA E TALENTO

O principal ingrediente de um trabalho não são as máquinas, e sim o ser humano. É gente. A inteligência e o talento das pessoas como você propiciam conhecimento e eficiência, dando sentido à transpiração e garantindo os melhores resultados.

TRANSPIRAÇÃO DEVE TER UM SENTIDO DE MISSÃO

Provavelmente você conhece esse exemplo, mas sempre é bom lembrar.

Imagine que você esteja passando por uma rua onde dois trabalhadores estão carregando tijolos para uma obra. Está um sol bem forte, eles estão suando, e você resolve cumprimentá-los.

"E aí, meu amigo, tudo bem?", diz para o primeiro. "Como tudo bem?", responde ele com irritação. "Você não vê que estou aqui pingando de suor, carregando tijolos debaixo desse calor terrível? Acha que eu posso estar bem?"

Então você continua seu caminho, logo adiante passa ao lado do outro homem e o cumprimenta da mesma forma: "E aí, meu amigo, como é que vai? Tudo bem?" A resposta dele é completamente diferente. "Tudo maravilhoso! Está vendo essa obra? Estou construindo a

Casa de Deus. Enquanto carrego esses tijolos fico pensando nos domingos cheios de famílias que virão aqui em busca de energia positiva. Sou um felizardo porque vou poder dizer que ajudei a construir este espaço." Isso é missão e paixão pelo que se faz! É algo muito maior do que cumprir uma tarefa.

TRANSPIRAÇÃO DEVE TER FOCO NO PROCESSO

Foco no processo nos permite algo que tem um valor inestimável. É saber enxergar ponto a ponto os problemas e dificuldades do caminho, para superá-los. O problema nada mais é do que uma necessidade não suprida, e o sucesso dessa caminhada está exatamente em conseguir supri-la.

TRANSPIRAÇÃO REQUER PROATIVIDADE

No comportamento proativo, o foco não é tarefa, é resultado. É agir no presente de olho no futuro, evitando ou resolvendo um provável problema antes que ele possa acontecer, ao contrário do reativo, que só age depois. Comprometimento e envolvimento com ética e responsabilidade são os caminhos da essência do resultado.

TRANSPIRAÇÃO REQUER MOTIVAÇÃO

Motivação é ter motivo para a ação. Vem de dentro para fora, e não de fora para dentro, mas se realimenta da satisfação com os resultados do trabalho, o alcance das metas e a superação de obstáculos. Não adianta injetar motivação sem ter esses fatores que a realimentam. Se ela esfriar, tudo cai na chamada normalidade, entra em velocidade de cruzeiro, mas o normal deveria ser um ambiente em que a motivação se recicla a cada dia. Transpiração libera endorfina, que gera sensação de bem-estar e inibe o estresse. Transpiração motiva!

TRANSPIRAÇÃO COMBINA COM PAIXÃO

Só é possível produzir o máximo de sucesso com o trabalho se você amar o que faz. Então, se não ama seu trabalho, aprenda a amar. E, para encarar os desafios que exigem maior transpiração, é preciso ter mais que amor, uma paixão intensa, um grande entusiasmo e um desejo forte de extrair desse esforço resultados incríveis, que vão lhe proporcionar, em tempo acelerado, todo o sucesso que almeja.

TRANSPIRAÇÃO É IRMÃ DO INCONFORMISMO

Tem gente que decide ficar parada, ou andar devagar, enquanto alguns decidem mudar a realidade. Transpirar, no sentido que usamos neste livro, é um efeito da elevação da temperatura naquilo que somos e fazemos. E as pessoas que escolhem a transpiração desenvolvem um grande poder de agir, buscar, fazer, acelerar, superar, promovendo sucesso e riqueza.

Bem, depois disso tudo, se você não estiver pelo menos sentindo calor, alguma coisa tem que ser feita.

Pra cima!

ASSISTA AGORA À ENTREVISTA EXCLUSIVA COM CHIEKO AOKI

"A TECNOLOGIA É UM DIVISOR DE ÁGUAS SOBRE A COMPETÊNCIA."

— CHIEKO AOKI

ACESSE:

CHIEKO AOKI NASCEU EM FUKUOKA, JAPÃO, É EMPRESÁRIA, FUNDADORA E PRESIDENTE DA REDE BLUE TREE HOTELS. EM DEZ ANOS, A EMPRESÁRIA TRANSFORMOU A REDE EM UMA DAS MAIORES CADEIAS HOTELEIRAS DO PAÍS E BENCHMARK EM EXCELÊNCIA DE SERVIÇOS NO SETOR.

EM 2013, FOI CLASSIFICADA PELA REVISTA NORTE-AMERICANA FORBES COMO "A SEGUNDA MULHER DE NEGÓCIOS MAIS PODEROSA DO BRASIL" E ESCOLHIDA PELO JORNAL VALOR ECONÔMICO DENTRE AS MELHORES EXECUTIVAS BRASILEIRAS.

COMPETÊNCIA 2
RELACIONAMENTOS

TENHA UMA LEGIÃO DE FÃS

Certamente você ainda não conheceu ninguém que seja 100% perfeito, mas costumamos dizer que nada no mundo se compara a Deus e à mãe da gente.

Mãe, para desespero dos pais, é simplesmente imbatível. Começa com o fato de que é mulher. Logo, é mais astuta, sensível e tem a habilidade de fazer várias coisas ao mesmo tempo e sempre dar tudo certo.

Quanto a Deus, não precisamos nem explicar.

Mas por que falar de mãe e de Deus, quando o tema é relacionamento?

Meu amigo, sem mãe ninguém nasce. E se ninguém vem para este mundo doido, não temos pessoas. E sem pessoas, não há o que falar de relacionamento.

E Deus, com seu toque de pureza e requinte, não criou o universo colocando cada um de nós em um planeta, em uma atmosfera isolada. Logo, a mensagem d'Ele, desde a criação de tudo, é: "Vivam juntos!"

Será que essa missão é fácil? Viver juntos...

Quando você passar por uma grande dificuldade, se apoiará em quem?

Quando quiser jogar basquete, passará a bola para quem?

Para que serviria o seu celular? Você ligaria e mandaria mensagens para quem?

Como você pode ver, conviver em coletividade é mais que um desafio: é uma necessidade.

Parece fácil, mas não é!

Imagine aquele prédio de 35 andares, com seis apartamentos por andar, cada apartamento com pelo menos quatro pessoas, um gato ou dois cachorrinhos. E, para colocar um tempero bacana nessa história, o síndico tem 74 anos, é aposentado, cheio de energia e, claro, um típico centralizador. Diz aí: é a visão do inferno ou não é?

Mas temos uma boa notícia: muito melhor do que viver sozinho é estar rodeado de pessoas, e, a partir daí, começar o seu recrutamento e sua seleção pessoal.

> *Alguém lhe falou que sendo sozinho na vida é possível alcançar os grandes objetivos? Saiba que nada se conquista sem bons relacionamentos.*

Nós, autores deste livro, moramos por vários anos em outros países: o Luppa, nos Estados Unidos, e o Edgar, no Japão. Imagine começar do zero a construção de relacionamentos, em outro país, outro idioma, outra cultura, outra gastronomia, outros hábitos e por aí vai.

Que sufoco!

Ou não... Que oportunidade!

A forma como você se relaciona com as pessoas definirá naturalmente sua posição no mundo. E algo de que você não conseguirá escapar são os rótulos, porque poderá ser tachado de: pragmático, analítico, chato, agradável, agregador, inoportuno, diferente, malandro, inteligente, rico, pobre... enfim, algum rótulo você terá; então que seja algo que o ajude na sua caminhada.

Ninguém tem uma segunda chance de causar uma primeira boa impressão! Portanto, capriche, meu amigo. Preocupe-se com estes detalhes básicos na construção de um relacionamento:

- Seja você. Seja autêntico. Não crie um personagem.
- Não seja o destaque do grupo. Apenas destaque-se.
- Defina como prioridade sempre o coletivo. O individual é consequência.
- Pratique o bem, exercite a verdade, e seja sempre correto e coerente com seus valores e princípios.
- Não construa relacionamentos com objetivos apenas para si, mas sim que possam atingir, com empatia e sentimentos positivos, os objetivos de ambos.
- Faça com que as pessoas se aproximem de você pelo que é, e não pelo que faz. Por sua personalidade, e não pelo fato de ser próspero e ajudar os outros. Todo mundo quer estar perto de alguém assim para obter vantagens.
- Não pense apenas em *networking*, pense em pessoas, em grupos de seres humanos que, juntos, são mais fortes. O que existe além disso é consequência.
- O ápice de um relacionamento é quando a outra pessoa sente a sua falta.
- Pense assim: se eu faltasse hoje, quem realmente sentiria a minha ausência?

Tem gente que fala: "Olha, papai morreu, e o velório estava lotado. Veja como ele era querido!" A quantidade de gente não tem nada a ver com a qualidade dos relacionamentos. De todas aquelas pessoas que estavam ali, quantas participaram efetivamente da vida do falecido? Não precisamos de gente para bater palma em nosso velório, e sim para ajudar a nos mantermos vivos e, principalmente, felizes.

No mundo corporativo, infelizmente, os relacionamentos são medidos em valor financeiro, têm peso, têm dedos que apontam e dedos que indicam. Aqui o mundo é cruel mesmo. E se você não for muito bom na construção e manutenção dos seus relacionamentos, pode anotar: terá muitos problemas.

Muita gente acha que se relacionar bem é ter uma agenda infalível, com as datas de aniversário de todo mundo que conhece, e no dia do aniversário envia aquela mensagem padrão logo às 7h da manhã, porque essas pessoas gostam de ser as primeiras, né?

Relacionamento se constrói com ajuda mútua e com verdade.

Se você gosta de gente, com certeza já está na frente de um enorme pelotão, pois quem gosta de pessoas participa da vida delas e as ajuda, tem prazer em servir e naturalmente se destaca: "Esse cara é do bem", "Esse cara é bem legal".

Se o seu chefe for uma pessoa que não dá valor ao relacionamento e nunca está aberto a ouvir e compartilhar, como é que você faz para criticá-lo construtivamente? Você precisa ter um comportamento que viraliza, e isso só funciona quando pensamos no todo.

Relacionamentos de verdade não têm hierarquia. Por isso, no mundo dos negócios, o oceano é vermelho, porque lá impera uma hierarquia que invariavelmente faz a diferença em benefício do indivíduo, e não da coletividade. Combater isso é uma arte, meu caro.

Você mora em um edifício ou em um condomínio de casas, frequenta um clube, vai a um restaurante, trabalha em uma empresa e viaja em um avião. É gente para todo o lado! Não tem jeito.

Então, sorria. Você está sendo filmado!

Alguns homens de sucesso gostam de ser vistos como *self made men*, por terem começado de baixo, prosperando com o próprio esforço e talento. Essa expressão foi criada por Benjamin Franklin, considerado pai do empreendedorismo norte-americano, que costumava dizer: "Quem tem caráter, trabalha, trabalha e trabalha, vence."[1] Estava certíssimo. Mas é claro que ele sabia que ninguém fica rico inteiramente sozinho. Basta ver a história de vida desse grande estadista: Franklin foi um dos líderes da independência dos Estados Unidos, empresário, gestor público, abolicionista, cientista e diplomata. Não teria feito tudo o que fez, nos importantes desafios que assumiu, se não tivesse formado uma grande legião de fãs.

> *Na escalada para o sucesso, você não conseguirá ir longe se não tiver uma legião de pessoas o apoiando.*

Um ótimo exemplo da importância da legião de fãs é a carreira de André Agassi, um dos tenistas que mais popularizou esse esporte e que transformou a maneira como o tênis é jogado. Ou seja, além de

---

1 TUCHERMAN, Ieda. "Biopolítica, mídia e autoajuda: segredo ou sintoma?" *Revista Galáxia*, São Paulo, n. 20, pp. 32–43, 2010.

ter sido um dos melhores do mundo, ele foi um grande inovador em sua atividade. Era disruptivo não apenas em seu estilo de jogar (usava raquetes "oversize", maiores que as convencionais, e suas batidas potentes desnorteavam seus adversários), mas também no comportamento, com seu cabelo até os ombros e suas roupas de cores extravagantes quando todos usavam branco. Aos 22 anos ele já era o número 1 do mundo, conquistando a medalha de campeão nos principais torneios internacionais.

Entretanto, a vida de celebridade marcou negativamente a carreira do tenista naquele momento. Depois de um ano de importantes vitórias, inclusive nas Olimpíadas, não ganhou nenhuma medalha importante em 1997, ano em que se casou com a atriz Brooke Shields, tendo um casamento conturbado, que durou menos de dois anos. Foi parar na 141ª colocação do ranking. Então fez uma autocrítica, disse que estava na hora de retomar sua performance de campeão e, rapidamente (em 1999), voltou a ser o número 1. Equilibrou sua vida profissional e pessoal, casou-se com a tenista Steffi Graf, e não saiu mais da lista dos dez primeiros do ranking — o Top10 da ATP, Associação dos Tenistas Profissionais.

Em sua última partida nos torneios da ATP, no ano de 2006, em Wimbledon, com fortes dores nas costas, foi derrotado, mas pegou o microfone e disse ao público que o aplaudia de pé: "O placar mostra que eu perdi hoje, mas não mostra o que eu encontrei. Nos últimos 21 anos eu encontrei lealdade, vocês me encorajaram na quadra e também na vida."[2] Agradeceu ao público por ter dado a ele inspiração e generosidade, e afirmou que guardaria na memória, pelo resto da vida, aquele sentimento de gratidão à sua legião de fãs.

---

2 http://699365588.com/agassi-andre-agassi-pdf-free.html.

> *Existe uma enorme diferença entre conhecer pessoas e se relacionar com elas.*

Nestes tempos de redes sociais, muita gente acredita que, por ter 10 mil seguidores no Facebook ou no Instagram, tem milhares de amigos e uma grande legião de fãs. Amigos virtuais e relacionamentos reais são coisas completamente diferentes. Ter pessoas seguindo você em uma rede social é como uma casca de ovo, dessas que você pode pintar de cores diferentes. Se você postar um vídeo interessante, mil pessoas podem curtir, mas isso é casca do ovo. Não é construir relacionamentos de verdade.

Você realmente quer ser medido por números ou prefere ser medido por atitudes, sentimentos e resultados?

O melhor caminho não é o que a tecnologia aponta e nos pressiona a seguir. Não é legal mandar uma mensagem para a sua mãe perguntando se está tudo bem. Por mais ocupado que você esteja, separe alguns minutos para conversar com ela, por telefone que seja, de preferência fazendo uma chamada de vídeo, que hoje é tão simples. Isto se você realmente não tiver condições de ir vê-la pessoalmente, para um abraço bem forte. Se você não tem um bom relacionamento com a sua mãe, vai querer se relacionar com quem?

Quando alguém muito próximo (pai, mãe, filho, irmão, primo, tio, sobrinho) faz aniversário, por exemplo, o abraço pessoal está sendo substituído por mensagens de texto ou de áudio. Mesmo as ligações de voz para dar parabéns passaram a ser muito raras, assim como as conversas do dia a dia, com amigos e também com equipes de trabalho. Tem sido assim com quase todo mundo. E com você?

Pare e pense: como é que você está se relacionando com as pessoas hoje? Fala pessoalmente, telefona ou manda um "zap"? Até na própria casa, muitas vezes, o filho manda um áudio para a mãe ou para o pai, em vez de sair do quarto e dar alguns passos até a sala, ou telefonar para eles e conversar um pouco. Antes ele perguntava as coisas para os pais, e hoje pergunta ao Google. Tudo bem, o tempo está corrido mesmo, os recursos de comunicação tornaram-se muito práticos, mas é bom ficar atento para que as relações pessoais não se enfraqueçam.

Como é que um profissional de vendas, por exemplo, construirá uma relação mais amigável com o cliente, se ele fica no escritório se comunicando apenas por e-mail, em vez de levantar a bunda da cadeira e lhe fazer uma visita? Como é que esse profissional transformará o cliente em fã, se nem sabe se ele é casado, se tem filhos, para que time torce, o que gosta de comer, qual é o seu hobby e outros detalhes de sua personalidade? A gente só descobre isso quando se relaciona de verdade com as pessoas. Claro que hoje existem maneiras e tecnologias para identificar essas informações, mas nada substitui uma conversa olho no olho, um aperto de mão e um abraço.

Você deve estar pensando: qual é a diferença entre cliente e fã?

Vamos lhe dar um exemplo:

Lembra quando o Corinthians caiu para a segunda divisão do campeonato brasileiro? Para um corintiano, dói só de lembrar, né? Mas imagine se o clube, em vez de torcedores, tivesse clientes. Certamente os estádios ficariam vazios depois de um rebaixamento como aquele, e o time estaria abandonado, pois um cliente, quando não é atendido em suas expectativas, abandona mesmo.

No entanto, o que aconteceu foi que os estádios ficaram lotados em todos os jogos, e o time continuou sendo apoiado do início ao fim do campeonato. Fã é isso!

Quem transforma seus clientes em fãs não é abandonado por eles.

As empresas em geral estão mais preocupadas em prospectar novos clientes do que em reter os antigos.

Um exemplo dessa falta de atenção das empresas: você é cliente de um canal de TV por assinatura, assinou o contrato quando foi abordado por uma campanha, então se tornou cliente. Depois disso, sempre vê campanhas e promoções de conquista de novos clientes, mas não recebe ligações na condição de cliente antigo, não lhe dizem um simples "Obrigado por mais um ano com a nossa empresa", "Obrigado, cliente, pelos três anos de fidelidade", ou "Receba nossos sinceros agradecimentos...". Isso já mudaria tudo!

Se um cliente liga para sua empresa e a voz que atende é de uma secretária robótica, impessoal, será que ele se animará a ligar de novo?

E se você faz tudo por meio de mensagens eletrônicas?

Pense nisso: uma transação impessoal termina no pedido do cliente. Porém, no relacionamento pessoal entre cliente e vendedor, é na hora da venda que tudo começa. Sabe por quê? Porque as decisões de compra têm sempre um forte componente emocional, embora as pessoas tentem justificar suas decisões com raciocínios lógicos.

Se o comprador fica mais no racional do que no emocional, é maior a chance que ele tem para evitar a compra, adiando ou desistindo dela. É quando você escuta uma resposta deste tipo: "Vou decidir amanhã e te falo, ok?", ou "Preciso pensar mais um pouco". Isso dificilmente acontece quando você se relaciona, pois existe um campo emocional. A credibilidade que você construiu passa a ser decisiva. O que o bom vendedor faz nesse momento é reforçar no cliente a intensidade do desejo de compra.

No entanto, é preciso conduzir com muita naturalidade a construção desse relacionamento. Não force a barra, ou sua aproximação parecerá interesseira, o que pode ser um grande estrago. Você precisa entender a pessoa para estabelecer sintonia com ela.

O que acontece com um sinal de rádio que está mal sintonizado? Muitos chiados e outros ruídos atrapalham a comunicação. Contudo, quando há sintonia, quando há pontos comuns de interesse e de experiência, tudo flui melhor.

Essa é uma habilidade importantíssima para gerar relacionamentos e fortalecê-los cada vez mais. Tendo sintonia, agora você precisa criar empatia, que é se colocar no lugar do outro, entendendo seus sentimentos e suas atitudes, sem julgamentos.

A pessoa com quem você cria empatia se sente bem ao seu lado, tem confiança em você. Desde que essa conexão seja verdadeira, e não uma falsa empatia. Não se trata de fingir que se importa com o outro, o que pode ser desastroso, e sim compreendê-lo realmente. Se o cliente se sente à vontade com você, estará muito mais acessível para saber o que você lhe traz, e para comprar o que oferece.

Para construir relacionamentos verdadeiros e duradouros, precisamos entender de pessoas. Para um vendedor, isso é mais importante do que dominar as técnicas de vendas. Para um médico, é mais importante do que interpretar um exame de sangue. Aliás, essa é uma habilidade que deve estar presente em todas as profissões. Mais importante do que fazer um negócio é construir um relacionamento, porque isso abre a porta para sempre.

Entretanto, nem todos têm esse tipo de habilidade, porque a empatia, para gerar bons resultados, precisa de inteligência emocional.

Tem gente que só olha o próprio umbigo, sai de casa pensando apenas em vender, em convencer os outros e, dessa forma, faturar com suas vendas. O foco não deveria ser esse. É preciso gostar de gente. Pensar realmente no bem-estar do outro.

Sua missão não é tirar pedido. Isso é uma tarefa. A sua missão é atender e superar as expectativas dos seus clientes, criar relacionamentos duradouros e prósperos. Sempre que você olhar para o seu cliente, pense o seguinte: "Eu vou ajudar esse cara a ganhar muito dinheiro e a crescer." Com essa sintonia, você venderá mais, e com maior naturalidade.

> *Entrando realmente em sintonia e sabendo criar empatia, aí sim você poderá dizer: "Eu não tenho clientes, tenho fãs!"*

Ter sintonia com o outro não é fingir que você torce pelo mesmo time que ele, nem concordar com todas as suas opiniões. Pelo contrário. Você só pode despertar confiança e ser admirado se tiver personalidade e consistência.

Isso faz toda diferença entre a pessoa ter vontade de se relacionar com você ou preferir ter contato somente quando for estritamente necessário.

Seu objetivo é alcançar o sucesso? Você já sabe que não chegará longe se insistir em caminhar sozinho. Já vimos que é essencial ter muitos relacionamentos. Para isso seja autêntico e coletivo. Aí sim, como consequência, você terá naturalmente o tal do *networking*, ou seja, conseguirá criar uma rede de contatos com a qual seja possível e proveitoso interagir, trocando informações e conhecimentos com os integrantes dessa rede.

Toda conversa com pessoas em qualquer circunstância é uma oportunidade para expandir seus relacionamentos. Não fique esperando que essas oportunidades apareçam: você mesmo pode criá-las, participando de eventos, grupos, fóruns de discussão e outros acontecimentos que propiciem interação com novas pessoas.

Como o *networking* se baseia em relações de troca, não fique ligado apenas nos benefícios que você pode auferir, mas também no que tem a oferecer. Não é a quantidade que conta. Você precisa estar seriamente atento à qualidade desses relacionamentos.

Escolha com mais atenção os seus companheiros de jornada. Pessoas que possam ajudá-lo e inspirá-lo nessa trajetória para cima, e não gente negativa, pesada. Afaste-se dos perdedores mentais, sugadores de energia, gente que puxa para baixo. Não perca tempo com pessoas improdutivas. Você precisa estar entre grandes pessoas, e para isso deve ser notado como uma grande pessoa também. Precisa ser aceito e respeitado por quem realmente vale a pena e agrega valor à sua vida.

Aí está outro desafio importante no caminho do sucesso: o seu posicionamento. Suas atitudes, sua postura, seu conhecimento, suas ideias, a impressão que deixa nas pessoas — tudo isso é decisivo para o nível dos seus relacionamentos.

Como você é avaliado no meio profissional?

Como é visto nos ambientes sociais?

Transmite a imagem de uma pessoa forte, impactante, interessante, verdadeira, amigável, proativa?

Ou é visto como alguém arrogante, prepotente, despreparado, dissimulado, inseguro, acomodado?

A imagem que você transmite não está ligada necessariamente ao seu patrimônio material. Não depende de você já ter alcançado o sucesso financeiro. O importante é seu comportamento ser característico de uma pessoa próspera. Fortalecendo suas ações e sua postura conforme o perfil pelo qual deseja ser reconhecido, o seu posicionamento se estabelecerá.

Procure agir de acordo com o que você quer na vida, sabendo que o caminho se faz enquanto se caminha.

Fique muito atento à sua maneira de se relacionar, posicionando-se sempre de modo claro, contribuindo com todos, demonstrando interesse pelas pessoas. Sem ser aquela pessoa que está sempre pedindo alguma coisa, você pode dar e receber feedback.

Cultive a sua rede de contatos e não perca de vista, em nenhum momento, o seu objetivo maior.

Há três pilares na construção de uma boa rede de relacionamentos para geração de negócios e resultados:

- **Exposição:** Muitas vezes você deverá criar relacionamento com pessoas que ainda não conhece, precisará se expor em ambientes em que tenha a oportunidade de relacionamento frequente com um contato em especial. Você deve se tornar um rosto conhecido para atingir um nível de exposição que alcance a pessoa que você busca contatar. E ela pensará: "Parece que já o conheço de algum lugar…" Para isso, é importante saber se planejar sobre o modo de se expor. Não custa lembrar que a primeira impressão é a que fica. Então, vá bem preparado.

- **Frequência:** Não adianta fazer contato só uma vez por ano, e não é bom ficar procurando a pessoa toda hora. Procure criar um ritmo natural e proveitoso, e faça com que os encontros sejam sempre consistentes, agradáveis e proveitosos para ambos.
- **Intensidade:** Bom senso, ousadia e muita simpatia são recomendáveis. Reunião formal no escritório? Um evento de *network* profissional? Um jantar requintado? Churrasco em sua casa? Pescaria no Pantanal? O tipo de contato que você estabelece depende do grau de relacionamento adequado a cada caso.

Às vezes parece impossível fazer contato com determinada pessoa, por ser totalmente fora de sua rede de relacionamentos, ou uma celebridade de difícil acesso. Uma conexão que seria muito importante para seus objetivos, mas como chegar até ela?

Existe uma teoria para esses casos: é a teoria dos seis graus de separação, que tem origem em um estudo científico desenvolvido pelo psicólogo Stanley Milgram. Segundo esse estudo, no mundo são necessários no máximo seis laços de amizade para que duas pessoas quaisquer estejam ligadas. Ou seja, se você não conhece, basta conhecer quem conheça, e no máximo em seis laços você chegará ao contato desejado.

No final de semana você prefere se desligar de tudo e ficar em casa vendo TV? Ou praticar um esporte em que pode se relacionar socialmente? Ou participar de um seminário no qual pode se conectar com pessoas importantes na sua atividade profissional?

Lembre-se da primeira Competência do Sucesso, que é a transpiração com direção. Qualquer oportunidade precisa ser criada e bem aproveitada. Digamos que você trabalhe em uma distribuidora de bebidas, por exemplo, e vá jogar futebol com seus amigos. De repente, você escuta um bate-papo no intervalo, e uma pessoa do outro time, que você ainda não conhece, conta que está abrindo um restaurante. Epa! Você fica antenado na mesma hora! Seu olhar se acende. De volta ao campo, batendo uma bolinha, chega perto e diz: "Tudo bem? Você está abrindo um restaurante? Muito prazer, eu vendo bebidas..." Pronto. Vendedor é isso! Aquela antena parabólica, radar ligado o tempo todo.

Ocasiões informais para estreitar o relacionamento podem acontecer com pessoas da sua rede de contatos de alto nível, mas também com clientes do dia a dia, com pessoas da sua equipe de trabalho ou com amigos em geral. Em todos esses casos, você pode formar sua legião de fãs e produzir uma prova social que é uma das ferramentas de venda mais fortes que existem: o testemunho das pessoas a seu respeito. Os fãs passam a trabalhar para o seu objetivo.

Você só consegue influenciar pessoas se tiver autoridade e poder. Sem essas duas situações você não influencia nem seu filho.

Poder é o direito de decidir, agir e mandar. É força. Já autoridade é a autorização para exercer com legitimidade esse poder. Quando você trabalha mais a sua autoridade do que o seu poder, conquista confiança. Aliás, quanto vale a confiança na venda, na negociação e em qualquer tipo de negócio? Tudo.

> **Talvez a sua maior habilidade seja reconhecer que você não tem todas as habilidades. E a boa notícia é que ninguém tem.**

Ao iniciar este capítulo, lembramos a você de que ninguém faz nada sozinho. Por mais habilidade que você tenha, sempre precisará das outras pessoas. A habilidade de entender que você não tem todas as habilidades é uma forma de humildade que ajuda a alavancar definitivamente a sua trajetória para o sucesso.

Nesse caminho você desmistificará algumas ideias que a maioria das pessoas aceita sem discutir. É o caso do empreendedorismo, que virou palavra de ordem. Todo mundo quer empreender, e quem não consegue se acha um fracassado. Isso é uma mentira que vem sendo propalada inclusive para atenuar a importância da falta de empregos formais.

O funcionário de uma empresa decide que fundará a própria organização, embarca na onda de empreender e planeja uma *startup*. Naturalmente quer ser o presidente, o CEO dessa nova e promissora empresa. Quer ser "o cara".

Acontece que não é só quem está em cima que ganha o jogo. Em qualquer organização, assim como em um time de futebol, quem ganha o jogo é o meio-campo, a zaga, o atacante, o goleiro, o técnico, é toda a equipe.

O líder de resultados é aquele que sabe fazer cada um jogar o seu melhor jogo, em sua melhor versão, inclusive nos piores momentos. Ser líder em tempo de paz é fácil; queremos ver em tempo de guerra. Nessas horas complicadas, como conseguir que o atendente atenda bem, o vendedor negocie bem, o pessoal da logística entregue bem, e a recepcionista seja sinceramente simpática e cordial? Em períodos de crescimento econômico, de consumo em alta, quase todo mundo consegue manter a empresa no azul. O difícil é mantê-la lucrativa se a economia do país estiver em retração, fazê-la crescer em um cenário de crise.

Outro personagem fundamental, que atua no meio de campo, é o gerente administrativo. Também é ótimo e extremamente importante ser um bom profissional nessas funções. Tem gente que não se sente bem tomando decisões, simplesmente por que não tem esse perfil. Isso é comportamental. É ruim? Claro que não! Ele não pode estar na ponta, não pode ser o CEO, não seria um empreendedor. Se tentar, a tendência é quebrar. Ele é um profissional de linha, é quem assessora, ajuda a construir uma decisão, é importantíssimo no seu papel, mas não convive bem com a responsabilidade da decisão final. Alguns têm consciência disso e até recusam uma promoção para um cargo que não corresponde ao seu perfil. "Não nasci para isso. Para mim está bom aqui." Isso é conformismo? Em muitos casos, não. Pode ser uma sincera atitude de humildade. É buscar a excelência na sua posição.

Você não precisa necessariamente ser empreendedor. Não tem obrigação de ser o chefe, o líder, o camisa dez. O mais importante é reconhecer o seu perfil para ser um craque na posição em que pode ter mais sucesso. Um grande vendedor, por exemplo, pode não ser um bom gerente de vendas, mas pode destacar-se na equipe de vendas como o profissional de maior faturamento na empresa. E desse modo, sendo o melhor profissional em sua verdadeira habilidade, terá sua legião de fãs — nos integrantes da sua equipe, nos que ocupam posições semelhantes ou acima da sua, na clientela e também nos seus relacionamentos sociais e familiares. Pessoas que admiram sua personalidade, sua competência, seu caráter, e que estarão sempre estimulando e apoiando cada nova conquista em sua caminhada.

> *Será que você precisa mesmo ser um líder? Há profissionais excelentes que são muito melhores quando bem liderados do que liderando pessoas.*

Tudo o que acontece com você no caminho do sucesso diz respeito ao seu caráter, como já vimos naquela frase de Benjamin Franklin:

"Quem tem caráter, trabalha, trabalha e trabalha, vence."

E as coisas que acontecem a partir do seu relacionamento com as pessoas têm a ver com seu carisma. A pessoa de sucesso é invariavelmente carismática. Carisma é uma qualidade pessoal que se reflete na sua capacidade de despertar admiração, respeito, entusiasmo, e de mobilizar as pessoas, influenciar, e liderar.

Vamos desdobrar a palavra CARISMA, letra por letra, de cima para baixo.

- → C de cuidado
- → A de ação
- → R de resultado
- → I de influência
- → S de sensibilidade
- → M de motivação
- → A de afirmação

Uma pessoa carismática tem o dom de fascinar, de atrair a admiração e a simpatia das pessoas, assim como o forte poder de influenciar. Então é um atributo importantíssimo para a Competência dos Relacionamentos. A boa notícia é que o carisma pode ser exercitado e desenvolvido por você, para formar uma legião de fãs. Mas lembre-se: essa influência tem mão dupla. Você precisa estar conectado aos sentimentos e anseios das pessoas.

Aprofunde seu conhecimento sobre essa competência. Exercite esse dom, que será importante para a sua vitória, e as pessoas vão querer segui-lo, por acreditarem realmente em você.

ASSISTA AGORA À ENTREVISTA EXCLUSIVA COM JANGUIÊ DINIZ.

"PARA SER UM BOM EMPREENDEDOR HOJE VOCÊ TEM QUE TER A HABILIDADE NÃO SÓ COGNITIVA, MAS TAMBÉM AS HABILIDADES SOCIOEMOCIONAIS."
— JANGUIÊ DINIZ

ACESSE:

JANGUIÊ DINIZ, FUNDADOR DO GRUPO SER EDUCACIONAL. HOJE, O GRUPO É UM DOS MAIORES DO BRASIL, ATENDENDO MAIS DE 190 MIL ALUNOS EM MAIS DE SESSENTA UNIDADES DISTRIBUÍDAS POR TODOS OS ESTADOS DA FEDERAÇÃO, CONTANDO COM MAIS DE 12 MIL COLABORADORES. JANGUIÊ DINIZ TEM 23 LIVROS PUBLICADOS, ENTRE ELES SUA AUTOBIOGRAFIA, INTITULADA "TRANSFORMANDO SONHOS EM REALIDADE — A TRAJETÓRIA DO EX-ENGRAXATE QUE CHEGOU À LISTA E CAPA DA FORBES", FÁBRICA DE VENCEDORES — APRENDENDO A SER UM GIGANTE, PASSOS PARA O SUCESSO, A ARTE DE EMPREENDER, AXIOMAS DA PROSPERIDADE E INOVAÇÃO EM UMA SOCIEDADE DISRUPTIVA. FUNDADOR DO INSTITUTO ÊXITO.

COMPETÊNCIA 3
DOMINAR A ARTE DE VENDER

Como diria o velho sábio:

"Meu filho, se você não sabe isso, você não sabe nada!"

Ou seja, se você não domina a arte de vender, dificilmente terá sucesso na sua jornada, seja ela qual for.

Forte isso, né? Mas continue. E leia até o final...

Você pode passar anos na faculdade se aprimorando para se tornar o melhor técnico na sua profissão, mas, no fundo, o que você fará com isso? Emoldurar o diploma e colocar em uma parede? Claro que conhecimento técnico é importante e fundamental, mas ninguém consegue fazer milhões se não vender o fruto desse conhecimento. Você não consegue criar um império sem vender. Então, se não tem essa habilidade, poderá ter algumas alternativas, como desenvolvê-las ou contratá-las...

Você alguma vez pensou que é possível gerar riqueza sem saber vender e negociar? Não é assim que acontece...

Você estuda tanto para quê? Já parou para pensar quanto dinheiro seus pais investiram em você ao longo de pelo menos 20 anos da sua vida?

Então sejamos objetivos:

Qual é o objetivo final de estudar tanto?

Qual é o objetivo de ser empreendedor?

Qual é o real objetivo de acordar cedo para trabalhar e não ter hora para voltar?

Você pode dar uma resposta e estará correta:

Ser feliz.

No entanto, essa resposta não pagará suas contas de luz, água, gás, condomínio, aluguel, plano de saúde, supermercado...

A verdade imposta pela sociedade e pela lei de sobrevivência, nesta selva aqui chamada de mundo, é que você vale quanto pesa, meu amigo.

Ninguém se dedica tanto para chegar ao fim do mês, abrir a carteira e ver um poço fundo sem nada.

A verdade é que a sociedade reconhecerá você pelo modelo do seu carro, pelos ambientes que frequenta e pela forma como se veste.

Ninguém entra nesse jogo para não ganhar dinheiro. Essa é a fase número 1 de quem entra no mundo corporativo e busca sucesso financeiro, seja em sua vida pessoal ou profissional.

Você pode ter o seu consultório, sua loja, seu emprego, seja lá o que for. No fundo, no fundo você está nessa porque quer ganhar dinheiro e, de preferência, muita grana. Isso é ser objetivo. Temos que parar de ser hipócritas e de falar que dinheiro não é importante. É importante, sim.

Se você ou alguém da sua família ficar doente e precisar de um tratamento caro, não se arrependerá da importância que deu à sua condição financeira. Pelo contrário, ficará grato e aliviado por ter dinheiro para pagar o tratamento, e talvez salvar sua vida ou a vida de uma pessoa querida. Tenha certeza de que suas chances serão muito maiores com um bom médico, um bom hospital e, em casos mais graves, um país com os melhores tratamentos.

E se você, no outro extremo, estivesse algum dia sendo despejado da sua casa por falta de dinheiro para pagar aluguel, com filhos pequenos e sem saber para onde ir?

> *No capítulo da Competência número 1, já falei da situação que vivi na infância. Lembrei a história de minha mãe, naquela noite em que ela cozinhou feijão para dar aos filhos. Seu choro vinha também da incerteza de ter alimento nos dias seguintes. Moramos por um tempo em uma estufa, em um barraco de lona, e posteriormente em uma casa de chão e paredes de barro, com telha de amianto. Até meus 4 anos, não tínhamos energia elétrica nem água potável em casa. Minha mãe buscava água em uma bica e esquentava em um fogão de lenha, para dar banho nos quatro filhos em uma bacia de alumínio, usando canequinhas. Ela fez isso durante quatro anos. A necessidade de dinheiro era uma preocupação constante em sua cabeça. Ela queria mudar aquela realidade, queria parar de sofrer, de sangrar... Já imaginou sua mãe passando por isso?*

> *Pessoas que tiveram vivências como essa na infância, em sua imensa maioria, acabam se resignando com as mais precárias condições de vida, se conformam na crença de que esse é o destino da família e continuam vivendo dessa forma por sucessivas gerações. Comigo aconteceu exatamente o contrário disso: a partir daquela experiência, aprendi que dinheiro não é destino, mas sim um meio para tudo. É com ele que conseguimos pagar uma escola melhor para nossos filhos, morar em um bairro mais seguro, ter uma boa casa, um carro mais confortável, além de realizar alguns sonhos, como viajar pelo mundo, viver a vida como deve ser vivida. Infelizmente, sem dinheiro não se consegue fazer quase nada. (UEDA)*

Por que você acha que alguém monta uma padaria? Ah, porque ele adora pão. Resposta correta, porém incompleta. As pessoas empreendem porque desejam ter lucro! Querem ganhar dinheiro! Querem ter uma boa renda!

E aí, meu amigo, entrar nesse jogo sem dominar a arte de vender é exatamente a mesma coisa que comprar uma Ferrari e não colocar gasolina. Você não vai a lugar nenhum!

E como nós queremos que você alcance o ponto mais alto na sua vida, até porque cada um terá a vista da montanha que subir, a partir de agora nós vamos tratar você como um campeão de vendas!

Como se constrói um campeão de vendas? Onde eles estão? O que eles fazem? O que eles não devem fazer? Como devem se comportar? Como eles pensam? E como são reconhecidos e disputados quando dominam a arte de vender?

Vamos lhe dizer o que funciona e o que não funciona neste mundo das vendas.

A partir de agora, sinta-se como um de nós. Qualquer que seja a sua profissão, mergulhe fundo nesse oceano de oportunidades.

> *Um campeão de vendas nasce vendedor?*
> *Podemos responder com outra pergunta:*
> *será que alguém já nasce astronauta?*

Se ninguém nasce astronauta, por que alguém nasceria vendedor? É verdade que todos os seres humanos têm talentos naturais. E o maior desafio na vida de cada um de nós é descobrir esse talento e potencializá-lo. Mas, para seguir uma profissão, como a de vendedor ou a de astronauta, não basta o talento que parece estar programado no seu DNA: você precisa de bastante conhecimento e experiência para aprimorar suas habilidades, transformando o dom em capacidade real.

O livro *O Vendedor Pit Bull*, escrito por Luís Paulo Luppa (um dos autores deste livro), aborda essa questão, focalizando principalmente os profissionais de vendas:

> *Ninguém nasce médico, engenheiro, advogado, sociólogo e, muito menos, vendedor. Adquirindo e aplicando os conhecimentos básicos e as habilidades necessárias à sua profissão, qualquer pessoa pode ter um bom desempenho profissional, mas é preciso muito, mas muito treinamento mesmo, além de aprimoramento e uma boa formação acadêmica, se quiser se tornar um profissional de vendas. O importante é saber que é possível adquirir habilidades de vendas para ter mais sucesso em sua carreira.*

Por que alguém nasceria vendedor? Ter aptidão para alguma coisa não garante que a pessoa tenha capacidade para exercer profissionalmente essa atividade. Você, por exemplo, pode ter a capacidade de persuadir. Isso ajuda em vendas? Muito! Você é carismático. Isso ajuda em vendas? Sem dúvida! Você cria empatia com as pessoas. Isso ajuda? Claro que ajuda! Você transmite emoções positivas? Também ajuda. E isso o qualifica para ser um campeão de vendas? Não!

Tem gente que acha que o vendedor não precisa de uma formação nessa atividade. "Ah, eu me dei mal no vestibular para Engenharia, não me imagino fazendo outra faculdade, então vou trabalhar como vendedor mesmo..." Esse aí tem tudo para ser um péssimo vendedor. Entretanto, nada impede que ele pegue gosto pela profissão, desde que não tenha preguiça de se desenvolver.

O talento, por definição, não é somente natural; ele pode ser adquirido, mas até os que trazem de berço um dom natural precisam aperfeiçoar suas habilidades, com muita perseverança e disciplina para adquirir os conhecimentos necessários e treinar bastante. Lembrando a primeira Competência do Sucesso que focalizamos neste livro, podemos afirmar que todo talento é 20% inspiração e 80% transpiração.

Pense, por exemplo, em um grande atleta olímpico ou em um maestro famoso. Desde a infância, certamente, os seus talentos já despertavam a atenção de todos, mas eles tiveram que se preparar com muita transpiração, além da paixão pelo que fazem, para se tornar campeões em sua área.

Um bom advogado leva anos para ficar afiado, precisa de bastante experiência e não para de estudar depois de formado. Um médico, para dominar a arte de uma cirurgia, não fica pronto antes de alguns suados anos. E para ser um grande vendedor, um verdadeiro campeão de vendas, você precisa ter paciência. Precisa estar disposto a aprender sempre. Precisa gastar muita sola de sapato. Acha que se formará da noite para o dia? Não é assim!

> *Ter carisma, empatia e saber persuadir não são habilidades exclusivas da profissão de vendedor. Precisamos dessas aptidões em tudo o que fazemos!*

Vamos relembrar o que diz o livro *Kintsugi — o poder de dar a volta por cima*:

> *Mesmo que as pessoas digam que não sabem ou não gostam de vender, estão sempre vendendo, o tempo todo. Pense: você vende ideias, pensamentos, sua imagem, suas decisões. Vende para seu pai, seu filho, seu marido ou esposa, um amigo. Você tenta persuadir os outros, convencê-los a comprar. Você trabalha para persuadir, para que acreditem naquilo que você está dizendo, vendendo, naquilo em que você acredita.*

Como é que a pessoa será bem-sucedida como engenheiro, médico ou advogado se ela não souber vender? Não dá! Ser persuasivo é uma característica e uma habilidade das pessoas de sucesso.

Uma recepcionista, por exemplo, pode ser uma campeã de vendas? Pode e deve ser. Em todas as profissões, as pessoas têm que almejar o sucesso máximo. E já que o componente de vendas pode fazer parte de qualquer profissão, o profissional que desenvolver em sua atividade as características de um bom vendedor conseguirá ter um enorme diferencial competitivo. Quem aciona esse talento na sua profissão, seja qual for, tem muito mais chance de se tornar um campeão.

Talvez você se surpreenda quando afirmamos que as habilidades de vendas podem ser ensinadas e aprendidas, porque de fato poucos programas de treinamento de vendas se propõem a isso. Tratam esse tema de uma forma genérica, sem o aprofundamento necessário. Tanto é que muitos diretores de empresas às vezes nos perguntam: "Como faço para achar, contratar e formar um campeão de vendas?"

Como é que você sabe que uma pessoa é campeã de vendas e a outra não é?

Faça uma experiência: pergunte a um vendedor, às 7h30 da manhã, o que ele está indo fazer.

"Estou indo visitar o meu primeiro cliente", responde ele.

Aí você pergunta o que ele fará nesse cliente.

"Vou vender muito!", diz o vendedor, exibindo um sorriso.

Por aí você já percebe que infelizmente ele não vai vender nada, ou quase nada. Ele é mais um, entre muitos.

E se for um campeão de vendas, como é que ele responde à sua pergunta? "Vou lá oferecer um produto novo", "Vou resolver um problema para o cliente", "Vou mexer no *mix* de produtos dele", "Vou reorientar o ponto de venda dele", "Vou discutir com ele uma oportunidade nova de negócio", "Vou propor um novo modelo de exposição", "Vou levar uma promoção incrível para ele", "Vou mostrar que temos um produto em que ele ainda não apostou", "Vou criar uma situação de negócio" … Todo campeão de vendas tem um ótimo motivo para visitar o seu cliente. Não é uma simples visita de cortesia, porque isso nem existe mais. Estamos falando de estratégia.

Imagine um "par ou ímpar" que se faz antes de um jogo de futebol entre amigos. Par! Você ganhou. Escolherá aquele que corre muito? Ou aquele que faz muitos gols? O que corre muito é bom para atletismo. Futebol é gol. O trabalho de vendas também. É pedido, é resultado, é meta alcançada e superada. Concorda?

Dizem que Romário não gostava de treinar, mas os técnicos nem se preocupavam com isso, porque ninguém fazia gols como ele.

Nosso amigo Edilson Lopes — fundador e principal líder do Grupo K.L.A. Educação Empresarial, autor de vários livros e consultor de empresas e profissionais da indústria do conhecimento — conta que, nos seus tempos de vendedor, tinha um gerente que falava assim: "Não interessa se você trabalhou muito ou pouco. Interessa se você vendeu."

Estes dois exemplos, do Romário e do Edilson Lopes, mostram que o conhecimento acumulado facilita tudo depois. Você sabe aonde ir, o que fazer, como fazer, e assim consegue chegar ao gol como ninguém, balançar a rede e superar as metas. Torna-se um verdadeiro campeão.

Conhecimento é poder. Não desperdice nenhuma oportunidade de adquirir informações sobre sua empresa e seus produtos, sobre o mercado e a conjuntura econômica, sobre os novos avanços tecnológicos em sua área, sobre as novas técnicas de venda e de marketing, e também sobre a personalidade do seu cliente, a situação do seu negócio, suas preferências pessoais, suas expectativas. Se ele reclamar de alguma coisa, receba as reclamações como contribuições valiosas, analise e corrija o que estiver errado. Se for o caso de argumentar, aguarde o momento certo para isso. E fique grato, porque ele acabou de lhe dar uma consultoria de graça.

Hoje, em vendas, conhecimento é quase tudo. Nós saímos da era do convencimento para a era do conhecimento. O mundo inteiro está preocupado em se desenvolver. Todas as empresas e todas as pessoas antenadas estão preocupadas com transmissão de conhecimento, com transferência de conteúdo e qualidade da informação. E um livro como este que você tem em mãos é um veículo fundamental para isso. É aquele amigo que você pode acessar a qualquer hora, sempre que quiser, e que estará sempre disposto a conversar com você, dialogar, viajar no mundo das ideias e dos personagens.

Então, para ativar seu sucesso em vendas, cultive o hábito da leitura, do treinamento e da prática! Se ainda não estiver habituado a ler livros, leia revistas, mas faça o exercício da leitura. Se não gosta de ler, ouça *podcasts*, *audiobooks*, participe de treinamentos, palestras, imersões, pois adquirir conhecimento é uma ferramenta capaz de conduzir você à plenitude da sua capacidade de vencer.

Você já percebeu que a maioria dos vendedores não lê, não participa de palestras, não estuda e não se desenvolve em nada, nem mesmo sobre vendas?

"Ah, eu não preciso de técnica para vender."

"Para que eu preciso ler livros, se meu ramo de negócios não tem nada a ver com isso?"

Essa insistência na ignorância custa caro: eles nunca vão passar do nível de tiradores de pedido.

Há alguns anos não tínhamos revistas especializadas em vendas, muito menos DVDs que transmitem conhecimentos e ajudam a motivar. Hoje, os bons vendedores estão muito mais focados na importância do conhecimento. Entretanto, existe excesso de informação, muito conteúdo irrelevante, e os incautos, por serem desinformados, acreditam em *fake news* e compartilham boatos como se fossem notícias verdadeiras. O vendedor que sabe qualificar a informação está anos-luz à frente do outro. Saber usar com inteligência os recursos da internet e das redes sociais faz toda a diferença na vida do vendedor de hoje.

O campeão de vendas é aquele profissional que sabe lidar com o conhecimento e consegue aliar o seu saber com o *saber fazer* e o *querer fazer*. Hoje, tem muita gente boa de discurso, mas pouca gente carrega a pasta, enfrenta o trânsito, o clima, os desafios do dia a dia.

Em um mundo tão competitivo e tão globalizado, querer fazer é ter atitude.

Aí estão os pilares fundamentais da performance do vendedor nos tempos atuais:

- Conhecimento
- Habilidade
- Atitude[1]

E tudo isso depende também da **inteligência emocional**, que amplia de modo impressionante as suas habilidades de negociar e vender.

Escrevendo livros como este, apresentando palestras e empreendendo em negócios de sucesso, nós procuramos compartilhar o conhecimento e a experiência acumulada ao longo de muitos anos de intensa transpiração. Muita gente acha que subir no palco e fazer uma palestra tem alguma coisa de show, mas você tem que estar muito preparado para subir ali. Nós não acreditamos em ninguém que possa falar como profissional da área de vendas sem ter carregado uma pasta, sem ter gerenciado equipes de vendedores ou comandado uma vitoriosa operação dessa atividade, seja no Brasil ou no exterior. É uma enorme responsabilidade você ter mil ou duas mil pessoas te ouvindo (no Japão, chegamos a ter públicos de dez mil pessoas!) e falar com autoridade, mostrando às pessoas como enfrentar o desafio do dia a dia e bater as suas metas. Este é o ponto. Conhecimento e experiência.

---

1 O conjunto de conhecimentos, habilidades e atitudes, três dimensões do conceito de competência, ficou conhecido pelo acrônimo CHA (McClelland, D. C. (1973). Testing for competence rather than for "intelligence". The American Psychologist, 28(1), 1-14. doi:10.1037/h0034092).

> **Alguns vendedores acham que basta ler os catálogos e os manuais da empresa. Eles nem desconfiam que ser especialista em cliente é mais importante que conhecer bem os produtos.**

O que mais estraga a venda é ansiedade, por falta de inteligência emocional e de conhecimento sobre o cliente. É preciso ter calma. Venda não é um evento. Venda é um processo. Tem que ir passo a passo.

Três grandes habilidades são imprescindíveis quando se fala de venda:

- **Habilidade em vendas:** Saber expor, encantar, argumentar, gerir objeções, negociar e fechar negócio.

- **Habilidade no trabalho:** Ter conhecimento do produto, do mercado e da concorrência, conhecimento geral e de técnicas de vendas, além de ser especialista em cliente.

- **Habilidades pessoais:** Aprimorar cada vez mais o seu talento, por meio de treinamentos e outros recursos de desenvolvimento pessoal e profissional.

Não há vexame maior em vendas, nos dias de hoje, do que conversar com o cliente sem ter um bom conhecimento geral. Já pensou pegar um vendedor bronco — um cara que não lê um jornal, não acessa a internet, não sabe nada, não tem assunto — para falar com seu cliente?

Eu, Luís Paulo Luppa, certa vez saí com o gerente de vendas de uma empresa, porque estava fazendo *coaching* para ele, e nesse dia o papa tinha morrido. Quando começamos a conversar com o cliente, ele falou: "Tudo bem? Que coisa, hein? O papa..." Acontece que o cliente era católico praticante (o que se podia ver pelas imagens em sua sala) e começou a chorar, acabou com a visita, não vendemos coisa nenhuma... Tanta coisa para esse gerente falar, tanto assunto positivo, e ele resolveu falar da morte do papa! Gente assim nem sabe o quê e para quem está vendendo. Em outra ocasião, um vendedor estava me acompanhando em uma visita, o cliente falou sobre o pré-sal e ele achou que era um tempero novo para salada. Pronto, uma gafe dessas acaba com a venda!

Além da falta de conhecimento, a distração e a falta de foco também são desastrosas. Por exemplo, um vendedor de automóveis que diz para seu gerente: "Vendi um carro para quatro pessoas." "E quantos filhos ele tem?", pergunta o gerente. "Acho que tem quatro filhos..." "E como é que a esposa dele vai caber no carro?!", reage o gerente, furioso. Total desatenção às necessidades do cliente. São coisas básicas em que o vendedor precisa estar mais ligado.

> *Você ainda acha que o foco é o cliente? Mude esse conceito. O foco é o foco do cliente. É a maneira como ele vê as coisas.*

Tem muita gente que fala em crise o tempo todo. Ela está mais na cabeça dessas pessoas do que no mercado. É claro que existem tempos de guerra, períodos mais difíceis, mas neste exato momento em que você está lendo este livro, alguns estão vendendo banana e faturando milhões, enquanto outros, vendendo a mesma coisa, não conseguem pagar o aluguel da casa onde moram. Assim como tem gente vendendo ouro e fazendo milhões, enquanto outros, também vendendo ouro, não conseguem pagar suas contas mais básicas. O resultado não está no que se faz, mas sim em como se faz e por quem se está fazendo.

Nosso amigo Alberto Junior, vendedor de seguros de vida e um grande especialista de vendas porta a porta, afirma que, se você levar uma solução para um problema do seu cliente, a venda é certa. A questão, porém, é que muitos vendedores não sabem nem procuram saber qual é o problema do cliente e oferecem o que ele não quer ou não precisa. Por isso não conseguem vender. Essa dica está em seu livro *Gooo Up!: Aprenda o método infalível de como resolver problemas, conquistar qualquer objetivo e crescer acima de todas as expectativas.*

Hoje, não importa o que você venderá. O que realmente importa é como (de que forma) você vai vender. Qual será a sua abordagem, que técnicas e argumentos usará? O profissional de vendas não é mais aquele folheto ambulante, aquela pessoa que fica falando sobre o produto. Basta o cliente clicar no Google e, em 3 segundos, poderá saber tudo que quiser. É muito mais fácil do que ficar ouvindo um vendedor chato. É mais importante hoje que você saiba como encantar seu cliente e como superar as expectativas dele.

Como você faz o cliente dizer sim, sorrindo e feliz da vida? É preciso que ele seja o elemento mais importante do jogo. Podemos chamar esse novo foco de *clientividade*. E também é fundamental que todas as pessoas da sua empresa, desde a recepcionista e o motoboy, até os gerentes e diretores de todas as áreas, tenham essa mesma visão: clientividade. O cliente na cabeça.

Ficou tão fácil e instantâneo conversar por e-mail e por WhatsApp que os vendedores em geral perderam o hábito de conversar pessoalmente com os clientes. Olhar no olho, cliente por cliente, ver como ele está, em que o seu atendimento pode melhorar...

Esse exercício tem um fruto que só quem cultiva consegue perceber. O campeão de vendas percebe. E pratica isso no seu dia a dia.

Você sabia que muitas empresas têm uma dificuldade imensa de, simplesmente, entender o que o cliente quer? Entender o cliente é uma arte. Esse é o ponto de partida para você encantar seus clientes. E quando começa a encantar, você entra em uma fase de fidelizar. Assim entra no DNA do cliente e faz com que ele trabalhe a seu favor.

Estabelecendo com o cliente uma relação ganha-ganha, você conseguirá perpetuar os seus negócios com ele. Portanto, quando estiver lutando, argumentando, negociando, pense que a luta pode ser franca, firme, fria, mas é leal, é transparente. E deve ter, sempre, sempre, dois vencedores.

> **Quem pensa em dinheiro não ganha dinheiro.**
> **Quem pensa em cliente ganha dinheiro.**
> **Porque o mundo é de quem sabe vender valor.**

Quem ganha dinheiro é a pessoa que acorda e pensa no cliente. "Como é que está a loja do meu cliente? Como será que ele pode ganhar mais dinheiro comigo? Será que o *mix* de produtos dele está adequado? Será que não está? Será que eu estou abastecendo bem?"

Você quer ser um profissional de vendas em nível tático ou em nível estratégico? Se optar pelo nível tático, estará comunicando valor. O profissional de vendas que comunica valor conhece o que está vendendo, é preparado, mas não agrega valor, não gera valor.

Por outro lado, o profissional que atua em nível estratégico procura atuar gerando valor. Ele vende valor. O que é isso? O que é emocionar o cliente através do valor? Vamos olhar para o "como". Como você faz as coisas? Quando você olha para o seu cliente, como gera valor para ele? Se eu consigo customizar a operação dele, estou gerando valor para ele. Em vez de dar preço, estou dando valor. Isso é sair do quadrado. É trabalhar em outro patamar: o de um campeão de vendas.

Pensar estrategicamente é um exercício contínuo em vendas que diz: "Como eu posso gerar valor para meu cliente?"

Imagine um churrasco de fim de semana em sua casa. A geladeira quebra, a cerveja está quente... e as pessoas estão chegando. O que você faz? Vai à loja de conveniência e paga muito mais caro para trazer cerveja gelada. Porque tem valor para você naquele momento. Você cria valor quando tem recursos produtivos e quando foca o foco do cliente. Tudo pode ser mais barato, mas, se algo tem valor, tem seu preço.

Vamos imaginar que você acaba de chegar para um encontro com seu cliente e lhe diz: "Estou aqui para lhe oferecer um negócio fantástico, um produto de qualidade, com preço competitivo..." O que você falou até agora? Nada! Isso nada mais é do que o básico do básico. É premissa. É tão vergonhoso como se falasse assim: "Eu tenho um produto de muita qualidade, um preço sensacional e, acredite, vou lhe entregar esse produto." Seria ridículo!

Então, nós temos que migrar de preço e produto para valor. Ninguém mais vende preço, ninguém mais vende produto, ninguém mais vende serviço. Você vende valor.

E o que é valor?

Valor é aquilo que você obtém, menos o custo que você pagou.

Qualquer produto tem preço. Qualquer um tem autoridade e poder para colocar preço em um produto e infernizar sua vida. Entretanto, para construir valor, só um bom profissional de vendas. Um profissional de vendas capacitado é capaz de construir valor na cabeça do cliente. E quando você sabe fazer isso, seu cliente paga o preço que você quiser.

O que mais importa é você conseguir agregar valor ao negócio do cliente. Nunca vá para uma visita de vendas sem antes se perguntar:

> *"O que meu cliente perde ou deixa de ganhar se ele não comprar o que eu tenho para vender?"*

Você precisa saber responder isso, se pretende ser um campeão de vendas.

As pessoas acham que um campeão de vendas vende qualquer coisa, em qualquer lugar e de qualquer jeito. Não é assim. A gente sabe que não é verdade. Porque cada empresa tem o seu perfil. Cada produto tem o seu perfil. E existem três tipos clássicos de venda, que são completamente distintos. Você pode ser campeão de vendas em determinado ambiente e não ter aptidão para os outros tipos.

Os três tipos clássicos de venda, tecnicamente falando, são:

- **Venda de alto impacto.** *High impact selling* é tema de vários livros, vídeos e cursos nos Estados Unidos, e se usa também a expressão *transactional sale* (venda transacional), porque esse tipo de venda destaca a transação e a relação. O valor é criado pela redução dos custos e pela facilidade de aquisição. Coca-Cola, cigarro, sal, *commodities* são exemplos de venda transacional. No momento da compra, é a mesma discussão de sempre. O cliente sabe do que precisa. O negócio dele é preço, prazo, condição, e pronto.

- **Venda consultiva.** O vendedor tem que ser mais preparado para agregar valor, que é criado pela assessoria oferecida, pela identificação de soluções customizadas. O cliente diz: "Não sei qual é a solução. Preciso de ajuda e de conhecimento." Exemplo de uma venda consultiva: o cliente quer comprar um novo *software* de gestão para a sua empresa. O vendedor não chega e fala simplesmente: está aqui, custa tanto. Ele tem que pensar com o cliente, tem que entender o benefício, há uma influência de compra. Obviamente o vendedor consultivo tem mais valor de mercado.

- **Venda empreendedora.** O valor é criado alavancando-se as habilidades da empresa para além dos produtos. "Preciso de uma parceria. Estou disposto a mudar", diz o cliente. Por exemplo, você vende embalagem para seu cliente, há anos. De repente, você começa a fabricar máquinas para embalar. Uma extensão da sua linha. Cria uma sinergia dentro do seu negócio com o cliente. Coloca máquinas para embalar, dentro da empresa dele. Está fidelizando o cliente, enraizando sua participação lá dentro, garantindo o consumo do seu produto (olha a estratégia do negócio!). E depois de algum tempo dá outro passo, propondo ao cliente: "Quer terceirizar a área de embalagem para mim? Você me dá o produto e eu entrego embalado." Isso é uma venda empreendedora. Nem o cliente sabia que precisava disso. Não tinha pensado nisso antes, mas precisava de uma parceria e agora está disposto a mudar.

Para um vendedor de venda consultiva, seria muito difícil ter sucesso em vendas de alto impacto. E vice-versa. O cara que vende Coca-Cola é vendedor de alto impacto. E o que vende um *software* sofisticado da IBM é consultivo. Ele tem que desenhar uma solução. São perfis completamente distintos.

Então você pode ser campeão de vendas dentro de um ambiente e não ter sucesso em outro, no qual não se sente tão à vontade.

> **Venda é uma atividade que nos ensina todo dia. É só você estar aberto para aprender.**

Em qualquer tipo de venda, o "não" faz parte da vida do vendedor tanto quanto o "sim", mas não desanime. Se você acha que, depois de ouvir um "não", nada mais é possível fazer, está enganado! Nem sempre o "não" significa o fim de uma negociação.

No livro *As 300 regras de ouro de vendas e negociação*, na regra número 88, o Luís Paulo Luppa diz o seguinte:

> *Normalmente as pessoas fazem objeções por quatro motivos: desconfiança de você, desconhecimento do que você está oferecendo, desvantagem sua em relação à sua concorrência — preço, por*

exemplo —, ou por desnecessidade — não precisar do seu produto. Cada um deles exige uma estratégia de solução diferente.

Você já viu algum jogo de futebol sem falta? Não existe, não é? A falta, no futebol, é como uma objeção nas vendas. Para o Rogério Ceni, quando goleiro campeão pelo São Paulo Futebol Clube, a falta não era um problema. Para o Zico também não era! Assim como as faltas em uma partida de futebol, a objeção faz parte do jogo das vendas. Embora atrapalhem o andamento da jogada, poderão resultar em gol se forem bem cobradas. E já que são inevitáveis (as faltas e as objeções), o caminho é treinar, treinar, treinar.

Há objeções que o cliente faz para atrasar uma decisão de compra. Não é só o vendedor que é treinado; o comprador também é! Nosso amigo Márcio Miranda, grande especialista em negociação, treina compradores para essa guerra. Para comprarem de modo mais vantajoso para a empresa deles. O comprador faz uma objeção, às vezes, só para retardar a decisão de compra, porque isso interessa a ele, mesmo querendo comprar. Às vezes ele quer apenas mexer com o emocional do vendedor. E algumas objeções são para esfolar mesmo: é preço, preço, preço! Estressar o vendedor, para ver se ele leva para uma reunião um gerente bobo que vai logo propor: "Então eu te dou mais 5%." É tudo o que o comprador queria ouvir. E o gerente acabou indo visitar só para dar desconto…

Também há objeções que servem para abalar o emocional do vendedor, para testá-lo, tirá-lo do prumo e melhorar as condições para quem está comprando. E também existe objeção para fugir da responsabilidade da compra. Alguns têm dúvida se é para comprar. Outros têm medo de comprar. E há também o cara que não é comprador, mas está nessa função e precisa comprar.

Além desses tipos de objeção, existe um que é o melhor de todos para o vendedor: é quando o cliente quer riqueza de detalhes. Ele pergunta, questiona, põe dúvidas, mas quer comprar.

Se você não cuidar da inteligência emocional da equipe de vendas, pode perder bons profissionais.

O vendedor é a única pessoa que acorda de manhã e fala assim: "Vou sair para trabalhar e ganhar um monte de 'nãos'." E vai feliz, porque sabe que o "não" pode significar "ainda não", "talvez", "não sei", algo assim.

Quando o cliente diz "não", é como se lhe falasse: "Está vendo? Você não conseguiu me fazer dizer 'sim'!"

Ninguém em uma empresa é mais pressionado do que o vendedor. Quando ele chega na empresa, o porteiro fala: "E aí, tudo bem? Como estão as vendas?" Pronto, já começou a pressão! E em casa? Você chega à noite, cansado, e escuta: "E aí, amor? Como é que foi? Vendeu muito hoje?" E se você não vendeu nada? Com que cara você fica? Então, se você não quer pressão, não trabalhe com vendas. Vá para uma área mais tranquila da empresa.

E além da pressão, são muitas emoções... O vendedor lida com a emoção de bater meta, emoção de não perder um pedido, emoção da reunião de vendas, emoção da convenção de vendas...

Em matéria de emoção, o campeão de vendas é um apaixonado. A palavra *paixão* vem do latim *passio*, que significa algo como "sofrimento, ato de suportar", e anteriormente do grego *pathe*, "sentir", e *"pathos"*, "doença", a mesma origem de *patologia*. A paixão vem, portanto, de doença, de falta de controle. Com o tempo, paixão também passou a designar "forte emoção, desejo".

A tão falada motivação, que é uma grande preocupação das empresas, nada mais é do que uma forma de paixão.

O apaixonado tem um diferencial, mas, sem conhecimento, ele é só um desavisado.

Já imaginou um vendedor motivado e despreparado? É um perigo! O que leva as pessoas ao resultado não é a motivação, que nada mais é do que um impulso, e sim o treinamento e o conhecimento. Quanto mais você chega próximo da sua meta, mais motivado fica. Eu não conheço um vendedor que precise vender 100, e venda 150, que esteja desmotivado. Você já percebeu que todas as pessoas de sucesso são altamente motivadas? Bater a meta nos motiva. Superá-la, mais ainda.

Essas emoções disparam ao longo da venda, que não é um evento, é um processo. Aí está uma grande confusão que as pessoas fazem. Venda começa com preparação, tem prospecção, abordagem, levantamento de necessidade, proposta de valor, negociação, fechamento da venda, e tem a pré-venda da próxima venda.

Quando você tem pré-venda, venda e a pré-venda da próxima venda, você está dando continuidade ao ciclo da venda, um ótimo círculo virtuoso.

Por que não falamos em pós-venda? Porque, se você faz pós-venda, está admitindo que a venda acabou. "Pois é, minha venda terminou e agora vou prestar um servicinho para o cliente e dizer tchau." O que é pós-venda? É ligar para saber se ele gostou?

Pós-venda não existe! "Pós" é alguma coisa que vem depois que algo acabou. A venda é cíclica. O vendedor pode abandonar a venda, você pode ter uma interrupção no ciclo, mas a venda nunca termina. Você vende para o cliente hoje e pode vender de novo 12 anos depois.

Vendedores que não fazem gestão de tempo acabam caindo em uma rotina improdutiva.

"Chefe, plantei muito hoje! Vai vir muita venda aí!", diz um vendedor ao seu gerente, durante uma reunião da equipe de vendas.

"Como assim?", pergunta o gerente, ressabiado.

"Hoje eu não fechei nenhuma venda, mas plantei muito!"

"E você por acaso é agricultor?", irrita-se o gerente, completando a pergunta com um sonoro palavrão. "Ah, você plantou, meu filho? É mesmo? Agora vamos falar de venda, porque a gente aqui não vive de plantação."

De 100% da vida útil da maioria dos vendedores, só 14% do tempo é aplicado na venda. E os outros 86%? Vamos ver como esse tempo é gasto. O vendedor chega à empresa: "E aí, tudo bem?" "Tudo!" É o que ele precisa para começar um papo que não dura menos de 30 minutos. Se juntar mais gente, é coisa de uma hora. E toma café, fala que está fazendo relacionamento, tem justificativa para qualquer coisa. Depois da conversa e do café, olha os e-mails, passa mensagens para clientes, de vez em quando confere postagens engraçadas dos amigos no aplicativo de mensagens, e nesse ritmo se aproxima a hora do almoço, ele resolve dar uns telefonemas antes, fazer uma horinha depois, e por fim visitará um cliente. Chegando lá, o cliente tinha saído. O vendedor não tinha agendado, não tem o mínimo de planejamento. Já são 16h30. Para onde ele vai? Para casa.

Outro erro grave é produzir justificativas. Sempre as mesmas desculpas. O vendedor que fala assim, por exemplo: "Não tem cliente." Como não tem cliente? A expectativa média de vida no Egito antigo era de 25 anos. Na Europa, no século XII, era de 30 anos. Na Europa e nos Estados Unidos, em 1900, era de 48 anos. No Brasil, a expectativa de vida em 1966 era de 54 anos e em 2018 passou a ser de 76 anos. Longevidade em alta. Cada vez tem mais gente passando dos 80, dos 90, chegando aos 100… As pessoas estão vivendo mais. E continuam consumindo, viajando, interagindo, participando da sociedade. Tem mais cliente vivo! Como não tem cliente? Só mesmo na cabeça do mau vendedor que gosta de inventar desculpas.

São diversos os pecados capitais de um vendedor.

- **Postergar.** Esse é um dos piores pecados do mau vendedor. Ele chuta para frente o que não gosta de fazer. E essa é a primeira coisa que o gerente de vendas precisa descobrir: o que é que esse vendedor não gosta de fazer?
- **Improvisar.** Não há mais espaço para improvisos no mercado corporativo e no mundo dos negócios. A pessoa que vive improvisando não consegue resultados. "Vai fazer o que nesta semana?" "Bom, eu estou aí agendado, amanhã vou dar uma passadinha lá no Carlos, depois vou lá no Daniel, depois vou ali no César..." Se não tem um plano de ação estruturado, não produzirá nada.
- **Não se orgulhar do que faz.** Esse é um grande problema de muitos vendedores. É um caso grave, por um único motivo: Se você mesmo não comprou alguma coisa, como é que venderá? Muitos até evitam a palavra "vendedor" e se nomeiam "consultores de negócios", "executivos de contas", *"management"*. Por que não põem "vendedor" no cartão? Por que não é chique? A essência do negócio é vender! Ele tem que entender a importância disso.
- **Não se colocar no lugar do cliente.** Esse é outro defeito gravíssimo que alguns cometem na atividade de vendas. Não pegar o jeito e o humor do seu cliente. Você precisa ser a cara dele, seja ela qual for! Às vezes, ele é um corintiano fanático. Domingo, o Corinthians perdeu. Qual é o problema de ir visitá-lo na segunda-feira? Seja solidário, mesmo que você seja palmeirense. Se ele adora falar de pescaria, custa você ler um livrinho de pesca e conversar sobre pescaria com ele?

O óbvio é o maior desafio do profissional. Tem gente que inventa, dá volta, dá volta, dá volta, mas não vê e não faz o óbvio, que é o que tem de ser feito.

O gerente de vendas, acima de qualquer tarefa, tem a missão de desenvolver pessoas. Um bom líder de vendas é aquele que consegue gerar um ambiente criativo e saudável. Tem a capacidade de construir cenários, de antever o próximo passo. É admirado por sua equipe, motiva as pessoas, orienta, entende de gente, gosta de gente. Adora ver as pessoas evoluindo. Divide as conquistas com sua equipe, dizendo "nós conseguimos", e também assume os fracassos. Ele não tem simplesmente uma equipe de vendas: tem uma família de vendas. É um agente multiplicador.

Ser líder não significa que você é melhor do que alguém. Significa dizer que você trabalha com alguém. Quanto mais você lidera, mais a sua equipe confia e acredita em você, e mais se dedica ao resultado que espera dela. E você conquista a liderança quando tem a credibilidade dos integrantes de sua equipe. E eles acreditam em você quando sabem que podem contar contigo.

O líder participa. Ele também tem que saber fazer, tão bem ou melhor que sua equipe. Não adianta você ser líder se não consegue fazer o que a sua equipe espera que faça. Com o passar do tempo, as pessoas vão ganhando confiança, segurança e começam a dar resultados acima daqueles que você esperava.

Então vamos começar a fazer um negócio diferente. Vamos dar uma inovada, para dar um resultado acima do esperado?

A equipe está confiante. Pode pedir qualquer meta, que eles vão bater. Por exemplo: o mercado está em uma fase boa, a empresa está faturando tudo o que precisa, batendo as metas que foram planejadas, fica todo mundo tranquilo... mas a equipe está tão preparada, que, se um concorrente começar a incomodar muito, eles aceleram, sempre se adequando à necessidade do mercado.

Em uma família de vendas, mais do que uma simples equipe de vendas, existe o binômio *cooperação* e *competição*. Se a empresa precisa faturar cem, nós vamos cooperar loucamente para chegar aos cem. E ao mesmo tempo vamos competir loucamente entre nós, porque eu quero ser o primeiro, não quero ser o segundo. Portanto, competição e cooperação se completam produtivamente em uma boa equipe.

> **Quem não pensa estrategicamente não faz a coisa certa.**

Quais são os objetivos de uma empresa, quando se pensa em vendas? Se essa pergunta fosse feita há dez ou 15 anos, a resposta poderia ser: "Nosso objetivo é vender de tudo para todo mundo." Ainda se ouve isso hoje. Imagine uma loja com 15.737 itens. "Temos que vender de tudo para todo mundo", diz o gerente de vendas. Talvez ele também acredite em Papai-Noel...

Hoje, quando se fala em objetivo de venda da empresa, a resposta é: "Satisfazer e fidelizar os clientes." Pense assim com relação à sua empresa: "Eu estou satisfazendo meus clientes? O que estou fazendo para isso? Estou fidelizando? Estou ampliando mercado? Minha equipe está progredindo?"

O mercado é uma guerra, e, se você não estiver vendendo, alguém está. Quem vende é o seu concorrente, enquanto você está passando e-mails.

Temos um exemplo, só para extrair lições e não precisar viver na prática uma situação como essa.

Imagine que isso tenha acontecido: o concorrente ganhou um cliente que era seu. Então pense nessas perguntas: será que o meu cliente sabe que eu existo? Se ele sabe que eu existo, por que não compra de mim? Se não compra de mim, ele está comprando de alguém! E se já comprou de mim, por que parou de comprar? Será que achou que eu não estava lhe oferecendo o melhor negócio? O que posso fazer para reverter isso e reconquistar o cliente?

Seu concorrente está sempre em guerra com você, seja no preço, na estratégia ou nas táticas, usando aquele marketing de guerrilha, fazendo uma propaganda mais acirrada, pegando alguns pontos frágeis do seu produto e do seu atendimento.

O mercado é uma guerra constante, e você tem que estar sempre lutando com uma estratégia diferenciada, para ser o vencedor.

E, quanto mais você tem paixão pelo que faz, quanto mais tem orgulho de ser vendedor — como empresário, diretor de marketing, gerente ou integrante da equipe de vendas —, mais fortemente estará construindo o próprio sucesso.

Seja você a referência de um trabalho bem-feito. Crie a sua marca. Crie o seu marketing pessoal, pois um campeão de vendas se vende por osmose, se vende espontaneamente, é natural, é carismático. E você pode ser um deles.

ASSISTA AGORA À ENTREVISTA EXCLUSIVA COM PEDRO SUPERTI

"SE VOCÊ NÃO TEM QUALIDADE, NÃO DEVERIA ESTAR NO MERCADO, QUALIDADE É OBRIGAÇÃO. O QUE VOCÊ FAZ ALÉM DE SER BOM, TER QUALIDADE E FUNCIONAR?"

— PEDRO SUPERTI

ACESSE:

PEDRO SUPERTI É ESPECIALISTA EM MARKETING DE DIFERENCIAÇÃO E CRIADOR DO FATOR X, MELHOR E MAIS AVANÇADO MÉTODO DE DIFERENCIAÇÃO DO BRASIL. FUNDADOR E CEO DA PARA O ALTO E AVANTE, EM QUASE VINTE ANOS DE EXPERIÊNCIA JÁ AJUDOU MAIS DE 15 MIL EMPRESAS A DOMINAREM O MERCADO USANDO TÉCNICAS DE DIFERENCIAÇÃO E POSICIONAMENTO QUE GERARAM MAIS DE R$1 BILHÃO EM ACRÉSCIMO DE VENDAS DIRETAS.

DESENVOLVEU DIVERSOS CURSOS E PALESTRAS QUE SÃO SUCESSOS DE VENDA, COMO FATOR X LIVE, MAGIC, IMERSÃO MAGIC NOS ESTADOS UNIDOS, CLIENTES INFINITOS, FREEDOM E HEY HEEY HEEEY EXPERIENCE. AO ENSINAR OS CLIENTES A VENDEREM NÃO APENAS UM PRODUTO OU SERVIÇO, MAS SIM UM PROPÓSITO, SUPERTI ENSINA COMO TORNAR A CONCORRÊNCIA IRRELEVANTE.

COMPETÊNCIA 4
NEGOCIAR PARA GANHAR SEMPRE

Você negocia o tempo todo. Com seus familiares, com seus vizinhos, com o síndico e os porteiros, com seus colegas de trabalho, com seu chefe, com seus clientes, com seus amigos, com todo mundo, todas as horas do dia. Tem ideia de quantas negociações você faz em um dia? Em uma semana? Um mês? Um ano?

Na verdade, você já nasceu negociando. Recém-nascido, pedia colo ou alimento usando uma técnica infalível: chorava muito, fazendo aquela carinha de neném que deixava as pessoas completamente encantadas e disponíveis. Com o tempo, esses argumentos já não tinham o mesmo efeito, e você foi criando novas estratégias enquanto crescia. Hoje é adulto e continua negociando.

Mais do que nos negócios, você negocia na própria vida. Então, se quer ter um grande sucesso em todos os setores, é essencial que desenvolva suas habilidades para ser muito mais que um bom negociador. Você tem tudo para ser um negociador campeão.

> **Você acredita que pode ter sucesso sem ser um bom negociador? É bom repensar isso enquanto é tempo, porque a capacidade de negociação é um limiar entre o fracasso e o sucesso.**

Tenha certeza disso: todas as pessoas de sucesso negociam bem. É impossível ter sucesso na vida se você não dominar a arte de negociar e vender.

Então? Será que você é mesmo um bom negociador?

Se você é vendedor e está conseguindo fazer boas vendas, poderá dizer: "Claro! Eu vendo bem porque tenho habilidade para negociar com meus clientes."

E se você é um engenheiro, por exemplo, ou trabalha em qualquer outra atividade que não seja na área de vendas e negociação, deve estar pensando assim: "Ah, isso não tem nada a ver com o meu trabalho." Ora, um engenheiro negocia com o pedreiro, com o mestre de obra, com o arquiteto. Mais do que isso, o engenheiro muitas vezes é pai. Negocia com o filho, com a esposa, com a escola do filho e tudo o mais. Poderíamos dizer a mesma coisa de pessoas que exercem qualquer outra profissão: médicos, jornalistas, taxistas, advogados, funcionários públicos, professores etc.

Comece avaliando como está a sua capacidade de negociador em sua própria casa. É fácil negociar com seu filho? Geralmente é difícil, e se complica à medida que a criança cresce. Primeiro, porque negociar significa também ceder e, muitas vezes, os pais não querem ceder, pois em geral se consideram donos da verdade.

Imagine se o seu filho de 5 anos escuta alguém falando: "Por que não?" Ele acha isso fantástico e, na primeira oportunidade em que você lhe diz um "não", dispara essa: "Por que não?"

Pronto. Agora se prepare. Talvez você descubra que, mesmo sabendo negociar muito bem no seu ambiente de trabalho, em casa você pode ser um péssimo negociador, que perde para uma criança. Ele quer negociar, enquanto você, por falta de argumentos, apelará para a força do poder paterno ou materno, apelará para sua posição de poder. Obriga o menino a fazer o que você está mandando, e pronto.

Ou talvez não seja esse o seu caso, porque você é um pai (ou uma mãe) que conversa, escuta, explica, argumenta, convence e até sabe ceder em algumas circunstâncias. Mas... e com seu cônjuge, como tem sido a sua habilidade de negociar?

Pois é, será que uma pessoa que não negocia na própria casa com relativo sucesso terá os resultados que deseja em suas negociações profissionais?

A persuasão é uma das armas utilizadas pelos bons negociadores. Mas ser persuasivo não é tudo.

Não existe nada misterioso na arte de persuadir. Para desenvolver essa capacidade, você só precisa aprender a utilizar as técnicas corretas e entender, em cada caso, o que funciona, o que não funciona e por que funciona ou não. Mas o negociador, além de ser persuasivo, deve alicerçar seus argumentos com um conjunto de pilares. Um deles é a influência.

Influenciar é ter ascendência psicológica sobre o outro, é fazer com que alguém pense ou se comporte de determinada maneira. Do jeito que você acha ser melhor. O bom negociador é aquela pessoa que influencia pessoas. Sua capacidade de influenciar se revela no dia a dia com sua equipe: você consegue fazer com que cada um jogue suando a camisa e acreditando firmemente nas suas instruções.

Só é possível exercer influência quando você tem autoridade e poder.

Exemplo clássico: você está na praia e resolve improvisar uma partida de futebol. De repente chega ali o Cristiano Ronaldo, que estava passeando por perto, vê o movimento e resolve participar. O líder do time adversário treme, pois você ganhou no par ou ímpar e teve o privilégio de escolher um craque daquele nível. Para quem você passa a bola logo de cara quando a pelada começa?

Quem tem mais autoridade inspira confiança. Autoridade é um gatilho mental fortíssimo para vencermos em uma negociação. Gatilhos mentais são mecanismos psíquicos que ajudam o cérebro a tomar decisões mais rapidamente, em meio a tantas outras demandas do dia a dia. Use e abuse desses gatilhos.

Mostre sua autoridade. As pessoas em geral tendem a seguir e respeitar a opinião de determinadas pessoas em quem acreditam. Cite e mostre seus resultados, seus *cases* de sucesso, seu *know-how*. Nunca se esqueça disso na hora de negociar com alguém. Tendo sua autoridade reconhecida por seu interlocutor, você ganha força na negociação.

A credibilidade dos argumentos é um trunfo importantíssimo dos bons negociadores, principalmente se for bem planejada. Reúna informações que se mostrem confiáveis e até incontestáveis: gráficos, estatísticas, estudos, pareceres e testemunhos de técnicos serão sempre de grande valia. Se a pessoa com quem você negocia demonstrar interesse em ver, mostre-os. Se ela não quiser ver, use esses dados em sua argumentação.

Não custa lembrar que a mentira tem pernas curtas. Existem os mentirosos que fazem da mentira uma verdade. Há também os que se entregam porque tentam mentir e não convencem. De qualquer forma, em especial nos dias de hoje, com a facilidade de apurar informações sobre qualquer assunto em poucos segundos, apelar para a mentira pode ser um péssimo negócio.

Negociação não é algo estático. É um processo. Negociar é muito mais do que bater um papo para tentar fechar um negócio. Aí entram aquelas três palavrinhas mágicas: conhecimento, habilidade e atitude. É o saber, o saber fazer e o querer fazer, como você viu na Competência número 3.

Esses três pilares da performance do vendedor se completam com três chaves decisivas para a negociação, que são: informação, tempo e poder:

- **Informação** sobre o cliente, sobre o mercado, sobre os serviços e produtos, sobre os concorrentes, seus e do seu cliente. Vá munido de muito conteúdo, pois, assim fazendo, além de entrar em uma negociação preparado, você passará mais confiança ao seu cliente/parceiro.

- **Tempo** bem conduzido por você implica saber o momento exato para o fechamento. Observar os sinais de compra é muito importante, assim como perceber se seu cliente está dando sinais de não compra ou de rejeição. Assim, você avalia se pode avançar, quebrando as objeções verbais e não verbais, ou se ainda precisa evoluir mais um pouco na negociação até estar realmente seguro da finalização bem-sucedida.

- **Poder** de quebrar rejeições, objeções e desconfianças. Quando seu cliente está prestes a dizer "não", você vence objeções com argumentos sólidos. Existe uma estatística que diz que 63% das vendas acontecem após a sexta objeção. "Está caro...", "Não sou eu quem decide...", "Deixe-me pensar melhor...", "Seu concorrente é mais barato...", "Preciso avaliar mais um pouco...", "Não sei se estou certo de que a melhor opção seria comprar de você...", e por aí vai. Observe ainda os sinais não verbais. Existem algumas obras que o ajudarão a desenvolver essa habilidade de captar o que nem sempre é dito com palavras: são os livros *O corpo fala* (de Pierre Weil e Roland Tompakow) e *Decifrando pessoas* (de Jo Ellan Dimitrius).

Quantas vezes você entra em uma loja, pergunta quanto custa um produto e o vendedor diz o preço abaixando o rosto? Dessa forma, ele já está dizendo que acha caro ou que não está acreditando em si mesmo; ou seja, provavelmente não venderá.

Muitas pessoas têm conhecimento e detêm determinadas habilidades, mas não têm atitude. A falta de atitude, ou seja, a falta de disposição e de ação diante das circunstâncias da vida, faz a pessoa parar no meio do caminho. Em uma negociação, quanto maior for o seu medo de perder o pedido e o cliente, maior será a sua predisposição para conceder altos descontos e prazos dilatados, ou seja, você abrirá as pernas sem ele pedir. Se você deixar o cliente perceber sua fraqueza, terá passado a ele o comando da negociação.

O segredo para negociar valor e não preço está na qualidade das perguntas que você faz com o objetivo de determinar o que ele de fato aceita como valor. O valor que o cliente percebe não é necessariamente o que você pensa que está oferecendo. Se não encontrar argumentos que façam do seu produto a única solução para ele, o preço acabará sendo sempre um problema a ser negociado.

> *Negociar é como jogar xadrez: exige estudo e aperfeiçoamento constante, estratégia e tática.*

Estamos atravessando uma fase de grandes transformações, em que as coisas ficam ultrapassadas da noite para o dia, inclusive o conhecimento. Por mais experiente e informado que você possa ser, é necessário estar sempre se atualizando.

De que adianta ter a resposta se a pergunta já mudou?

Conhecimento certo é poder. E quais são as fontes de poder? Especialização é uma delas. Durante a negociação, por exemplo, você percebe que a pessoa com quem está negociando tem domínio sobre um tema, e você não tem. Ah, mas pode ser que você tenha bastante experiência — que é outra fonte de poder. Muita gente confunde experiência com tempo de vida, ou de profissão. Olhe em volta e verá que um vendedor de 30 anos pode ter mais experiência em determinado ramo do que um veterano de 65 anos.

> *Experiência não é um resultado natural da quantidade de tempo que você viveu, e sim do que você fez com o que viveu.*

Status também confere poder. Você acha que, se a Gisele Bündchen for a um restaurante na sua cidade, alguém cobra a conta dela? As pessoas que menos precisam ganham tudo. Entram nos lugares e todo mundo estende tapete vermelho, dá presentes, quer fazer *selfies*, rende homenagens. Lembra-se da importância de criar autoridade e se tornar uma autoridade?

Carisma e relacionamento também têm muito poder. Vale a pena reler o que comentamos sobre esses dois fatores na Competência 2, para ficarem bem assimilados.

Outra fonte de poder é o medo. Você terá um cuidado especial ao negociar com uma pessoa que lhe inspira temor. Medirá suas palavras, para não se arriscar. Entretanto, se você estiver bem preparado, não há por que temer a negociação em si. Não tenha medo de pedir alto. Se você puxar a sua proposta para cima (dentro dos limites lógicos, é claro), na pior das hipóteses seu oponente poderá não aceitar e fazer uma contraproposta. E existe o outro lado, bastante positivo: ele poderá aceitar e você estará partindo de um patamar mais elevado, terá maior margem para negociar, evitará impasses e, finalmente, ao fazer uma concessão prevista, deixará a outra pessoa com a sensação de vitória.

> *Na minha empresa, Neximob — Inteligência em lançamentos imobiliários, sempre negociei acima dos meus principais concorrentes. Cobro de 1% a 1,5% mais caro. E sabe por que não tenho questionamentos em relação aos percentuais maiores? Porque ofereço o valor do resultado: vender o que meus concorrentes não vendem. Minha empresa tem cases de empreendimentos imobiliários que foram lançados duas vezes e venderam 18 unidades; quando entramos, vendemos 550 unidades; um empreendimento de 188 unidades, em 6 horas, com VGV (valor geral de vendas) de 35 milhões; 741 unidades em dois dias com VGV de 47 milhões; tudo isso no auge da crise, em 2015, 2016. Contra números e fatos não há objeções; o argumento é forte por si. (UEDA)*

Antes de negociar, defina objetivos expressivos e você sempre chegará mais longe. Acredite, seu cliente pode pagar mais!

O especialista em negociação Márcio Miranda criou a teoria do *minimax*. Quanto maior for o objetivo que você quer atingir, mais longe poderá chegar. Quase sempre as pessoas tentam uma negociação pensando mais no mínimo que podem aceitar do que no máximo que dá para conseguir. Defina seu objetivo máximo e quanto está disposto a ceder para chegar ao mínimo desejável. Prepare argumentos suficientes para defender seus limites, mas tenha sempre em mente que ninguém quer pagar por um produto ou serviço mais do que ele vale.

> **Prepare metas claras e comece por patamares altos. Como ensinou o bilionário grego Aristóteles Onassis, nunca ninguém lhe pagará mais do que aquilo que você pediu.**

Visualize as possibilidades de ganho, e não de perdas. Não se preocupe tanto com a pressão que você sofre para fazer o negócio, mas sim com quanto vale o seu produto ou solução para o outro lado.

É óbvio que ninguém gosta de perder dinheiro em uma negociação. Por isso, faça sempre um planejamento prévio. Um roteiro para esse planejamento pode lhe servir de guia sempre que você for preparar uma negociação. Com o tempo, você adapta esse roteiro ao seu jeito de negociar.

Um detalhe importante que deve fazer parte do seu preparo é tentar conhecer previamente o estilo da pessoa com quem você vai negociar, e montar uma estratégia de adaptação. Essa experiência desenvolve no negociador, conforme seu talento, habilidades de psicólogo e de ator, envolvendo e impactando a sensibilidade do interlocutor. Um ator precisa decorar suas falas, mas quando duas pessoas negociam você não pode seguir um *script* pronto, porque o enredo está sendo criado naquele tempo real e não depende só de você. De qualquer forma, não confie apenas no improviso e na memória: relacione os argumentos que pretende usar para defender suas principais posições, e você ficará mais seguro no calor da negociação.

Ok, você se preparou, mas o que acontecerá? Você quer ser aquele negociador que domina a negociação para vencer! Tem como conduzir o enredo da conversa? Sim. Quem domina a negociação é a pessoa que faz mais perguntas, e não quem responde.

Quanto mais você pergunta, mais provoca a outra parte a interagir com você conforme a estratégia que traçou. Desde que saiba fazer as perguntas certas, nos momentos certos.

Existem três tipos de perguntas:

- **Pergunta fechada.** "Quantos anos você tem?" é um exemplo típico de pergunta fechada. Só tem uma possibilidade de resposta. Quantas vezes você entra em uma loja e o vendedor lhe diz: "Posso ajudar?" Essa pergunta, quando feita na hora errada, é um desastre. Exclui a possibilidade de se prosseguir a negociação. Quase todo mundo responde: "Não, estou só olhando." Pronto, acabou. O próprio vendedor matou a venda. Às vezes ele ainda tenta uma chance, dizendo: "Qualquer coisa, estou aqui. É só me procurar." Só que não tem mais como evoluir a conversa. E você ainda pode tripudiar, respondendo algo como: "Ah, pode ajudar sim. Deposite 1 milhão de reais na minha conta, que estou precisando muito!" Então, uma pergunta fechada deve ter momento certo, com a pessoa certa. Cuidado para não se precipitar, achando que chegou a hora de fechar a negociação e disparando essa: "E aí, vai comprar?" A pessoa diz: "Não." E você fica com cara de tacho.

- **Pergunta aberta.** É quando você faz a pessoa discorrer sobre determinado tema, que pode ser propício para os seus argumentos de venda. Por exemplo: "Quais os planos da sua empresa para os próximos dois anos?" A pessoas terá prazer em falar da empresa dela. "Qual é a estratégia, como você está vendo o mundo de compras atualmente?" Ela se sente importante. Você fez a pessoa discorrer sobre assuntos que têm algo a ver com a negociação. E isso é muito bom, porque você aproveita para falar sobre a oportunidade que ela está tendo de aproveitar o que está sendo oferecido e faturar com isso.

- **Pergunta reflexiva.** Se a pergunta aberta já o ajuda a interagir, a reflexiva gera uma interatividade ainda maior. "Será que o PIB cresce dois ou quatro pontos esse ano? Você acha que a economia está no rumo certo agora?", "Depois de tudo que nós conversamos, qual é o tipo de celular que melhor atende a sua necessidade?" Então você apresenta um monte de opções para que ele comece a decidir diante de você. Lembre-se de que negociação é, antes de tudo, interação entre duas pessoas com um objetivo determinado.

Saber perguntar é uma arte. Se você fizer uma pergunta errada, acabou. Fique atento para perceber quando deve ser feita uma pergunta aberta, a hora boa para a pergunta fechada e o melhor momento para a pergunta reflexiva.

Quanto mais você pergunta, mais coloca a negociação no seu colo. E os melhores vendedores são as pessoas que fazem as melhores perguntas. Com uma pergunta inteligente você tem melhor compreensão, tem interatividade, obtém as informações de que precisa para negociar, consegue compartilhar pontos de vista, conduz uma solução e motiva alguém a alguma ação.

Sabe o que é 5W2H? Certamente você já viu ou já ouviu essa sigla. Parece uma fórmula química, mas é uma ferramenta de planejamento criada no Japão para a gestão da qualidade, e pode ser aplicada em qualquer área da empresa.

E o que significam, afinal, esses números e letras? Na verdade é muito simples. 5W2H são as iniciais, em inglês, de sete *question words* (palavras interrogativas), a saber:

- → What (o quê)
- → Why (por que)
- → Where (onde)
- → When (quando)
- → Who (quem)
- → How (como)
- → How Much (quanto)

Usando bem essas perguntinhas básicas, você pode obter praticamente todas as informações de que precisa. Porém, é claro que isso depende da outra pessoa. De qualquer forma, você tem dois benefícios clássicos: ou ela dirá aquilo que você precisa ouvir para pegar um caminho ou você terá um gancho para fazer outra pergunta que possa abrir novas possibilidades.

E se o cliente ficar em silêncio diante de uma pergunta? Sabemos que os orientais, principalmente, às vezes não respondem quando são questionados. Aí você fica no ar, sem o retorno que esperava. Como fazer?

A maior arma que o oriental tem na negociação contra um ocidental é o silêncio. Existe alguma coisa que irrita mais um vendedor brasileiro do que a pessoa ficar calada do outro lado? No entanto, até o silêncio pode ser uma grande resposta. Aprenda a observar os "sinais de compra", expressões faciais e movimentos corporais que de alguma forma revelam o que a pessoa está sentindo ou pensando.

Tenha em mente, também, que o sucesso de uma negociação não está nas palavras, e sim nos resultados.

> *Você quer ter razão ou quer ser feliz?*
> *Negociar bem não é provar que você tem razão,*
> *e sim conseguir um resultado favorável.*

Tem muito negociador turrão. Aquela pessoa que empaca em uma ideia e só o que lhe importa é provar que está certa. Se o que você quer é ter razão, não tem que negociar nada com ninguém. Estude para ser um juiz de direito, subir naquela mesa bem alta, ficar dando ordens, e a última palavra será sua. Todo mundo terá que lhe obedecer.

As pessoas negociam para ser felizes, não para ter razão. Se alguém lhe perguntar o que é uma boa negociação, quanto ao resultado, é provável que você responda: "ganha-ganha!" Porque esse conceito está na nossa mente. Ganha-ganha é obter o que você deseja ajudando a outra pessoa a ficar satisfeita também. Claro que terá um lado que talvez ganhe mais que o outro, mas a pergunta é: "Está bom para mim?" Se sim, bingo, esse é o caminho. Em negociação, ganhar é sinônimo de satisfação. Não significa matar o outro. O melhor resultado é os dois ficarem felizes. Olha que maravilha!

Ganha-ganha não significa dizer: "Eu dei um pouquinho e ele também cedeu um pouquinho." Nada disso. Quando você está em uma relação ganha-ganha, as duas partes estão buscando solução para ambos.

Se você entra em uma negociação pensando em fazer o outro perder, a relação é do tipo ganha-perde: "Vou vencer essa pessoa de qualquer jeito. Ela que se dane!" Porém, ao fazer isso você matou o seu oponente e jamais poderá negociar novamente com ele. E quando está em uma do tipo perde-ganha? "Ah, as pessoas sempre pisam em mim..." Você se sente um infeliz, e será infeliz a vida inteira mesmo. E tem também o perde-perde: "Se você afundar, eu te levo comigo." Essas três formas negativas (ganha-perde, perde-ganha e perde-perde) não são boas para ninguém. O ganha-ganha, sim, é a essência da negociação.

As pessoas adoram vender, mas também existem as que adoram comprar — lembre-se disso. A melhor negociação que você pode concluir na sua vida, seja de que produto for, é quando as duas partes saem satisfeitas e continuam fazendo negócios depois.

A gente vive em sociedade e cada indivíduo é único. Ninguém é exatamente igual ao outro. Portanto, conviver significa ceder aqui e ali, combinar, ajustar, negociar. Contudo, é preciso saber ceder. Nem muito, nem pouco.

> **Não existe generosidade em negociação.**
> **Ceder demais é um tiro no pé.**

Conhece a estratégia do passarinho? Se você colocar um passarinho na mão e apertar muito, ele morre. E se abrir muito, ele foge. Acabou! Nem muito, nem pouco. O segredo da vida está no caminho do meio. Então pense no passarinho quando for negociar.

Sabe a história do homem que foi ao açougue comprar um quilo de carne? Quando ele vira a esquina, olha para trás e vê um enorme rottweiler. Com medo, ele pega um pedaço de carne, joga na direção do cachorro e aperta o passo. O rottweiler come rápido, continua atrás dele, ganha mais um pedaço, e assim vai. A cada vinte passos, um pedacinho de filé. Quando o homem chega em casa, abre rapidamente o portão e, ao entrar, joga mais um pedaço na calçada. No dia seguinte, vai de novo ao açougue, mas dessa vez compra dois quilos de carne: um para o rottweiler e outro para ele.

Imagine que você esteja negociando um produto em uma loja, como comprador, e o vendedor lhe propõe: "Olha, o preço é 16 mil, mas eu lhe dou um desconto..." Em seguida, oferece um bônus. E depois uma bonificação... Então você pensa: se ele está me oferecendo isso é porque pode dar muito mais. Quando alguém propõe 10% de desconto é porque está preparado e tem gordura suficiente para 20%. Quanto mais generoso for um dos negociadores, mais terá que ceder. Começa a dar, dar, dar, enquanto o outro pede, pede, pede... Não tem limite.

Existe uma forma de você dar algo e ser beneficiado por isso. É o **gatilho da reciprocidade**: quando você faz algo para seu cliente, ele se sente na obrigação de retribuir. Isso é psicológico. Pode ser um café, servir uma água, uma bebida quando entra em sua loja. Pudemos ver que no Japão esse gatilho é muito forte: o japonês, em sua primeira visita, leva uma lembrancinha, presenteia seu cliente... e no mínimo a receptividade é outra, quebrando aquele contato frio e amenizando desconfianças. Faça um teste e veja o poder dessa simples ação.

> *Se você quer conduzir a negociação, precisa ser amigável, ter habilidade e transmitir confiança.*

Mais autoridade, menos poder. Esse é um segredo do negociador inteligente. Use argumentos claros, lógicos, verdadeiros e convincentes.

Dúvidas podem gerar desconfiança e afetar a qualidade da negociação, ou mesmo impedir sua continuidade. Descoberto um primeiro motivo para a desconfiança, tudo o mais ficará comprometido.

Olhe fixamente nos olhos do oponente, se quiser criar empatia e mostrar interesse pelos argumentos dele. Desviar os olhos pode ser considerado fraqueza ou pode dar a sensação de que você tem algo a esconder. No entanto, é claro que existem exceções; tudo depende do contexto.

Sua postura corporal e gestual passa ao interlocutor uma série de informações importantes sobre você. E vice-versa. Uma postura tranquila mostra abertura, enquanto a rigidez indica posição defensiva. Controle seus movimentos e seu tom de voz.

Muita gente confunde negociação com leilão. Negociar não é ficar apresentando ofertas, seguidas de contraofertas. Isso pode até acontecer, mas é só uma parte da conversa, depois que os pontos principais tiverem sido alinhados.

Qualquer que seja o seu negócio e sua profissão — médico, advogado, engenheiro, professor, administrador etc. —, há uma determinada hora em que você deve tratar do resultado financeiro. É o momento de negociar o valor. Se, porém, você fala que custa 18, por exemplo, e o cliente regateia para 14, e você contrapropõe 17, e ele oferece 15, então você responde: "Ok, nem eu nem você; fica por 16 e não se fala mais nisso", mas ele ainda retruca: "Vamos rachar a diferença? 16 e meio. Pronto", isso na realidade não tem nada a ver com negociação. É até perigoso! Sempre que você entra em um leilão, está se arriscando a transformar apenas em preço o valor que construiu ao longo de muitos anos. As suas habilidades e o seu conhecimento passam a render pouquíssimo resultado.

Negociação é um processo dinâmico, que começa com a criação da sintonia. Você sempre deve estar disposto a ajustar. Não pode simplesmente traçar um caminho e ficar inflexível. "Minha posição é essa e pronto. Desse ponto não saio." Sai, sim. Você não sabe o que acontecerá no meio do caminho. Em algum momento terá que flexibilizar, o que não significa uma derrota. Vendedor é vaidoso por natureza; cuidado com essa postura, que não leva a lugar algum. Você está negociando para encontrar soluções.

> **Ego e vaidade são os maiores sabotadores na sua caminhada ao sucesso.**

Por isso, é de fundamental importância saber gerenciar esse processo. Negociar com inteligência é saber exatamente o que fazer a cada passo. Negociação passo a passo significa gerenciar técnicas e possíveis conflitos. É fundamental criar sintonia e ter uma postura de solução. Focar algo de bom na outra pessoa e buscar sempre um resultado bom para as duas partes.

Na sua atividade, a negociação tende mais para cooperação ou para competição? Se for mais competição do que cooperação, tende a cair no conflito. Você deve ser competitivo, mas sem perder o sentido de cooperação. Se tiver que bater, ok, faça isso, mas sem deixar de buscar a cooperação.

Nosso amigo Márcio Miranda, especialista em negociação, faz negócios inclusive na Bulgária e nos conta que os negociadores naquele país gritam muito enquanto negociam. "Já que é assim, eu grito também. Se alguém dá uma paulada, eu dou outra", diz ele. E fica tudo certo. Se o ambiente é esse, você não pode ter uma postura de monge budista...

E você? É um negociador competitivo ou cooperativo? Se alguém lhe fizer essa pergunta, o que você responde? E se perguntarem qual é a melhor dessas duas posturas? A resposta correta é: "Não sou nem uma nem outra; posso adotar as duas posturas, conforme o caso." Previsibilidade não é uma boa aliada dos negociadores. Você será competitivo ou cooperativo, dependendo da situação.

Seria ótimo poder ser sempre cooperativo. Isso se pudéssemos sempre contar com alguém confiavelmente cooperativo do outro lado. Contudo, o mundo não é assim. Portanto, não seja ingênuo. Tal como o lutador de boxe estuda seu adversário nos primeiros rounds, analise seu oponente e reaja de acordo. Se ele lhe der um soco no estômago, será que você oferecerá o queixo para levar um nocaute?

O bom negociador não procura conflito, mas também não foge da briga. De qualquer forma, é melhor evitar, porque um conflito geralmente não tem vencedores.

Você prefere negociações duras ou suaves?

Se respondeu que prefere as suaves, isso indica que você tende a evitar conflitos, mas se fizer concessões demais chegará ao final com o sentimento de ter sido prejudicado.

E se prefere as negociações árduas, você considera cada negociação como uma guerra que precisa ser vencida a todo custo. Pode até se dar bem, mas tome cuidado. Prepare-se para reações também duras e dificuldades de relacionamento futuro com o oponente.

> *Não se esqueça de que a vida continua após a negociação, porque em muitos casos você continuará tendo contatos com a outra parte.*

Pergunte a você mesmo: qual é a probabilidade de precisar negociar novamente com esse oponente no futuro? É claro que os clientes esporádicos também merecem todo respeito, mas os relacionamentos que apontam para futuros negócios tendem a ser mais complexos, exigindo cuidados especiais para sua preservação.

Um bom negociador não evita nem procura o conflito. Ele gerencia. Tem resiliência. Quem sai vencedor de uma briga feia? Dessas que incluem socos e pontapés na cara. Nas lutas de vale-tudo, só um dos dois vence, mas os dois saem arrebentados! Cuidado para não entrar cegamente no conflito, movido pela emoção e pelo ímpeto de vencer; você tem que gerenciar essas situações.

Outro cuidado importante é não envergonhar o interlocutor. Em qualquer circunstância — inclusive no seu dia a dia, com sua família ou sua equipe de trabalho —, elogie em voz alta e censure em voz baixa. Isso é um ponto-chave, tanto na educação de uma criança quanto na interação com outro negociador.

No famoso e clássico livro *A Arte da Guerra*, escrito no século 5 a.C. por Sun Tzu, esse lendário estrategista chinês nos ensina que não é bom apavorar, cercar e massacrar o inimigo. Ele recomenda deixar o oponente desconfortável, mas não a ponto de se desesperar e de resistir em decorrência desse desespero. Qualquer bicho acaba lutando até a morte quando se vê acuado, e nessa falta de opção ele pode surpreender por sua vontade de sobreviver. A sabedoria de quem está vencendo o inimigo consiste em deixar sempre uma rota de fuga aberta, uma possibilidade de escape, para que ele fuja e deponha as armas.

E se é você que está sentindo que perderá? E se, no meio da negociação, percebe que não vai conseguir o que queria? O que fazer? Existe uma saída honrosa para tudo! Busque essa saída de maneira inteligente, deixando a porta aberta para prosseguir quando você estiver mais preparado.

Faça de conta que precisa atravessar um riacho para atingir seu objetivo, mas quando chega perto da margem, vê cinco crocodilos famintos, já de olho em você. Como pular até a outra margem? Dê alguns passos para trás e pegue impulso! Quatro passos para trás podem garantir oito para frente.

Esse é um ótimo exemplo de recuo inteligente. Se você prosseguir na discussão, do jeito que está, cairá nas garras dos crocodilos. Então você diz para o seu interlocutor: "Eu respeito o seu ponto de vista... é inteligente o que você falou!" E vai buscando um jeito de voltar atrás naqueles detalhes até ter impulso para dar uma volta por cima.

Crocodilos à parte, estamos o tempo todo falando de interações humanas. E existe todo tipo de gente. Você encontrará negociadores arrogantes, inseguros, queixosos, acessíveis, fechados, inibidos, sintonizados, desligados, desconfiados, habilidosos, ignorantes, prepotentes, sociáveis, afáveis, obstinados, metódicos...

Antes da negociação, se possível, procure saber como é a pessoa com quem você vai lidar — ou observe-a com atenção nos primeiros momentos — para se ajustar ao comportamento dela. Conhecer o estilo do oponente é o pontapé inicial do jogo da negociação.

Gerencie a emoção e emocione. Não seja emocional, e sim emocionante.

Em negociações, você não pode ser emocional, e sim ser emocionante. Tem que emocionar. Quando se está negociando, a emoção mal gerenciada pode jogar contra você.

Leve sempre em consideração que, como negociador você interage com pessoas. Isso significa que você estará lidando com emoções, motivações, orgulhos e vaidades, muito mais do que com a lógica.

E se as coisas tomarem um rumo tenso, lembre-se de uma arma poderosa nesses momentos, que é o bom humor. Usado no momento certo e na dose adequada, o humor pode operar verdadeiros milagres.

Se a situação estiver ficando insustentável, procure conduzir as coisas de modo que ele não abandone a negociação. Permita uma nova chance para o negociador! Você não pode permitir que ele saia sem concluir o jogo.

Sempre que houver progresso, elogie. E se você errar em algum detalhe, não se deixe vencer nem pelo erro nem pelos comentários do interlocutor, porque pior do que você errar é perder o ânimo ou desistir por causa das críticas de outras pessoas. Só cresce quem erra.

Diante de um impasse, proponha ao oponente um trabalho conjunto para buscar uma solução. Duas cabeças serão capazes de criar não só um maior número de alternativas e soluções, como também encontrar saídas eficazes e criativas.

A essa altura você pode estar se perguntando:

"Será que eu sou um bom negociador? Será que faço do meu negócio uma arte na hora de negociar?"

Para ter sucesso, meu amigo, você precisa ter pleno domínio destas artes: negociar e vender. Sim, porque negociar, na verdade, é um dos passos para vender. Depois da negociação é que se pensa no fechamento do que foi vendido. E depois na pré-venda da próxima venda, ou seja: "Como é que eu vou dar continuidade a essa venda?" É um processo que não tem fim. E isso depende principalmente de você.

Toda pessoa inteligente, bem informada e decidida a ter sucesso na vida pode desenvolver essa habilidade, que é latente nos seres humanos. Negociação tem muito de técnica, que pode ser estudada e exercitada.

A sua eficácia como negociador dependerá de alguns fatores, tais como grau de ambição, tenacidade, firmeza com que defende os limites fixados no planejamento e habilidade de persuasão. Em todos eles, quanto mais marcantes forem esses fatores, maior probabilidade você terá de se sair plenamente bem-sucedido.

> *Negociar é construir um mapa mental totalmente ligado a um processo que tem início, meio e fim.*

Toda negociação, principalmente as mais complexas, tem alguns fundamentos[1] que são necessários dominar:

1. Decidir o que é negociável.
2. Adotar um estilo de negociação.
3. Saber desenvolver a negociação.
4. Ter paciência e respeitar cada etapa.
5. Estar atento aos sinais de aceitação por parte da pessoa com quem você negocia.
6. Estar atualizado, antenado ao mundo dos negócios.
7. Não abrir mão do conhecimento.
8. Dominar técnicas de fechamento.
9. Cuidar da negociação depois do sim.

Vamos abordar, de uma forma bem prática, cada um desses fundamentos.

DECIDA O QUE É NEGOCIÁVEL

Antes de qualquer coisa, tenha muito claro o que é aceitável ou não em uma negociação para você e/ou para a sua empresa. Busque uma relação ganha-ganha entre você e seu cliente. Lembre-se de que nem sempre uma vantagem financeira é realmente uma vantagem para o seu negócio.

Então, procure todas as informações prévias que possam ser importantes para a negociação e aplique as orientações a seguir, para garantir resultados positivos.

- Decida o que você quer que o cliente faça.
- Determine o que mais você pode oferecer para aumentar o valor percebido e diminuir o seu custo.

---

1 Do livro *As 300 regras de ouro de vendas e negociação*, de Márcio Miranda e Luís Paulo Luppa.

- Nunca baixe o custo ao primeiro sinal de resistência.
- Liste o que você tem de fazer para que o cliente faça o que você quer.
- Tenha em mente qual é o mínimo que você está disposto a aceitar.
- Saiba qual é o máximo que pode esperar.
- Estude qual é o mínimo a conceder.
- Defina qual é o máximo que pode oferecer em troca.

ADOTE UM ESTILO DE NEGOCIAÇÃO

Em uma negociação é necessário estar preparado para transitar entre todos os perfis de clientes. Saber lidar com a diversidade e ser possuidor da arte da empatia.

Para conquistar essas características de um bom negociador, você pode participar de cursos e treinamentos, usar *podcast* ou ler bons livros que lhe darão suporte para atuar com perfeição e garantir excelentes resultados, conforme já recomendamos na Competência 3 ("Dominar a arte de vender"). Veja a seguir o que você pode fazer:

1. Procure cursos, treinamentos que o orientem sobre os estilos de negociação existentes.
2. Aprenda a reconhecer os estilos de negociação e pratique-os no seu dia a dia.
3. Estabeleça um alto grau de confiança no relacionamento com seus clientes por meio de ações positivas.
4. Crie empatia com seus clientes desenvolvenvendo a flexibilidade para navegar tranquilamente entre os diversos perfis com velocidade.
5. Use o elemento confiança para se comunicar melhor com os diversos estilos de negociadores de acordo com o perfil de cada um deles.

6. Respeite as características de cada estilo e alinhe-se a cada um deles, a fim de fechar mais negócios.

7. Aprenda a apresentar suas ideias de maneira que cause maior impacto no seu interlocutor, usando as técnicas de *rapport*.

8. Leve em conta as habilidades técnicas e interpessoais suas e do seu cliente antes de iniciar o processo.

DESENVOLVA A NEGOCIAÇÃO

Muitos fatores estão envolvidos em uma negociação eficaz. Um deles é saber ouvir, mas com uma escuta ativa, observando os detalhes. É a partir dessa ação que você obtém todas as informações necessárias para fazer a sua proposta de negócio com grandes chances de alcançar seu objetivo.

Observe atentamente, nos tópicos a seguir, outras ações que também vão lhe render maior lucratividade e clientes fidelizados:

1. Compreenda as variáveis envolvidas. Estude todas as questões internas e externas em uma negociação para chegar ao melhor resultado possível.

2. Pesquise e crie alternativas de ganhos mútuos. Analise cada situação, verificando até que ponto pode ceder, e desenvolva estratégias para uma relação ganha-ganha.

3. Pergunte e ouça atentamente.

4. Esclareça dúvidas e clarifique pontos obscuros.

5. Evite impasses. Seja o primeiro a desenvolver e propor caminhos que solucionem as questões difíceis que aparecerem durante a negociação.

6. Assuma o combinado e formalize o compromisso.

7. Registre o que foi acordado e defina os próximos passos.

8. Defina o cronograma de ações.

RESPEITE AS ETAPAS DA NEGOCIAÇÃO

Muitos profissionais não dão muita importância para o fator progressão nas negociações. Embora possa parecer, a princípio, que a sequência correta das etapas não influencia muito nos resultados, esse encadeamento é fundamental para que você se orgulhe do seu trabalho.

Você já deve ter ouvido que a ansiedade mata uma negociação. Então, tome cuidado com suas emoções quando negociar.

Por exemplo: criar uma proposta de valor sem levantar todas as necessidades do seu cliente é como dar um tiro no pé. Se você fizer isso, as suas chances de perder a negociação serão grandes. Confira na lista a seguir uma sugestão de etapas para garantir bons resultados:

1. Prepare-se com um bom levantamento de informações.
2. Crie um clima de abertura, reduzindo a tensão.
3. Seja objetivo na exploração.
4. Indique claramente, na apresentação, os objetivos de ambas as partes.
5. Considere as objeções levantadas como oportunidades para detalhar melhor o objetivo na clarificação.
6. Assuma uma postura de ouvinte atento.
7. Ofereça opções de escolha para o cliente antes do fechamento.
8. Avalie o saldo da negociação para todas as partes envolvidas.

IDENTIFIQUE SINAIS DE SUCESSO

Mesmo sem perceber, o cliente nos dá demonstrações de que a negociação já foi fechada. Observá-lo atentamente é importantíssimo para captar essas mensagens das entrelinhas e nos gestos mais sutis.

Se você perder essa oportunidade, tenha certeza de que a sua concorrência não a perderá. Confira as dicas a seguir e comece a colocá-las em prática para fechar com sucesso cada vez mais negociações:

1. Ouça o cliente e observe como ele se comporta durante a sua apresentação.

2. Responda com satisfação a todas as perguntas que envolvam prazo de entrega, condições de compra, recursos, garantia, qualificações diversas, suporte ou pedidos de referência.

3. Aceite as objeções do cliente e evite rebatê-las; apenas argumente.

4. Repita todas as informações quantas vezes for necessário.

5. Sintonize-se com o cliente para entender melhor a perspectiva dele.

6. Deixe o cliente decidir, mas não dê a ele a opção de um "não". Tenha as estratégias previamente planejadas, com algumas opções para fechar o negócio.

7. Use a pergunta do cliente para confirmar a venda.

8. Lembre-se de que, se você não souber identificar os sinais de compra, estará passando o fechamento para outra pessoa.

MAXIMIZE HABILIDADES

Um bom negociador está condicionado a estudar pelo resto da vida. Ele precisa estar bem informado para negociar com qualquer tipo de cliente, de maneira diferenciada.

Então, aprimore seus conhecimentos. Veja o que é possível fazer para maximizar suas habilidades:

1. Seja filósofo: Mantenha a distância emocional para não perder o controle.

2. Seja psicólogo: Ouça mais do que fala e coloque-se no lugar do cliente.

3. Seja detetive: Levante e descubra o máximo de informações do cliente.

4. Seja inventor: Pare de criticar a proposta do outro e invente uma nova.
5. Seja juiz: Decida o que é ou não justo no que está sendo conversado.
6. Seja estrategista: Imagine quais ações o outro pode tomar.
7. Seja diplomata: Crie uma ponte para o seu adversário chegar até você.
8. Lembre-se de que a negociação bem-sucedida envolve ganhos mútuos.

BUSQUE CURSOS E LEITURAS QUE AJUDEM A APLICAR TÉCNICAS DE FECHAMENTO

Leia muito. Esteja sempre antenado às novidades e bem informado sobre os conhecimentos gerais. Afinal, dificilmente você saberá quando precisará de uma dessas notícias para fechar um negócio. Acredite! Isso é possível.

Confira as dicas a seguir e verifique atentamente essas possibilidades para aprimorar suas técnicas de fechamento:

1. Feche por troca: Descubra se o seu cliente não possui algum tipo de produto ou serviço que possa permutar.
2. Feche por alternativa: Procure duas ou mais possibilidades que possam ser interessantes para seu cliente e para sua empresa.
3. Feche por medo da perda: Demonstre quanto seu preço, prazo, produto ou serviço é melhor que o do concorrente. Agregue valor.
4. Feche por etapa cumprida: Divida a negociação em fases e trabalhe cada uma delas separadamente, ajustando-as à necessidade do cliente, a fim de concretizar a negociação com todos os detalhes bem resolvidos.

5. **Feche por degustação:** Ofereça parte do seu produto ou serviço para que seu cliente comprove quanto está ganhando em fechar contigo.

6. **Feche por aceitação:** Verifique se a proposta do cliente é interessante para a sua empresa e, em caso positivo, feche o quanto antes.

CUIDE DO PÓS-FECHAMENTO

Não permita que o cliente tenha uma sensação de perda após fechar um negócio com você. Reveja com ele todas as vantagens que o mesmo acabou de conquistar, crie empatia, dê parabéns a ele pela decisão tomada. Assim se sentirá mais confortável, não sofrerá com a compra e, provavelmente, voltará a fazer negócios com você.

Acompanhe as dicas a seguir, aplique-as no seu trabalho e aproveite os resultados:

1. Demonstre com firmeza que sabe o que quer, e espera receber.

2. Coloque os papéis em frente ao cliente e peça a sua "autorização" com naturalidade.

3. Sorria e acene positivamente com a cabeça.

4. Faça um resumo dos benefícios adquiridos.

5. Dê ao cliente a certeza de que ele está fazendo um ótimo negócio.

6. Oriente-o com relação a procedimentos futuros, caso sejam necessários.

7. Agradeça pelo tempo que ele lhe dedicou.

8. Parabenize-o com segurança pela negociação que acabou de fechar.

9. Mostre, logo na sequência, que você já está trabalhando na entrega do serviço ou produto. Isso minimizará a probabilidade de cancelamento.

Tudo certo? Ótimas dicas, não é? Mas... se você pensa que está sozinho nessa, esqueça!

É BOM SABER QUE O OUTRO LADO SE PREPARA TAMBÉM

O trecho que se segue é específico para o profissional de vendas.

É possível que a pessoa do outro lado da mesa esteja tão preparada quanto você (ou até mais) para fazer os melhores negócios.

Sabe quem é ele?

O comprador!

E saiba que existem algumas premissas para que ele ganhe o jogo, saindo melhor do que entrou na negociação.

Veja a seguir algumas regras adotadas pelas equipes de compradores em algumas empresas. Pode ser que você se veja negociando com alguém que segue regras deste tipo...

1. Nunca demonstre simpatia para com um vendedor, mas diga que ele é parceiro.
2. Considere o vendedor como nosso "inimigo número 1".
3. Peça, peça, peça... que eles acabam dando.
4. Nunca aceite a primeira oferta; deixe o vendedor implorar; isso dá margem a uma barganha maior para nós.
5. Seja sempre subordinado de alguém, e considere que o vendedor também tem um superior que sempre pode ter algum desconto a mais para dar.
6. Não faça concessões sem contrapartida.
7. O vendedor que chega pedindo, lembre-se disso, sabe o que tem a lhe dar.
8. Lembre-se de que o vendedor que não pede já está esperando que o comprador peça, e geralmente não exige nada em troca.

9. Repare que, em geral, o vendedor que faz o pedido de sugestão é mais organizado e mais esclarecido. Use o seu tempo para explorar mais os vendedores desorganizados, que querem entrar na rede ou têm medo de sair dela.

10. Não tenha dó de vendedor; jogue o jogo dos maus.

11. Não hesite em usar argumentos, mesmo que sejam falsos. Por exemplo, diga que o concorrente tem a melhor oferta, maior giro e maior prazo.

12. Repita sempre as mesmas objeções, ainda que sejam absurdas. De tanto repetir, o vendedor acaba acreditando.

13. Não se esqueça de que 80% das condições são obtidas na última etapa das negociações. Deixe o vendedor com medo de perder.

14. Obtenha o máximo de informações sobre a personalidade e as necessidades do vendedor. Descubra o ponto fraco dele.

15. Desestabilize o vendedor exigindo coisas impossíveis; ameace romper as negociações a qualquer momento; deixe-o esperando; marque horário e não cumpra; dê pouco tempo para ele se decidir; faça cálculos, mesmo que sejam falsos.

16. Não se deixe cair em um impasse: é o que há de pior para um comprador.

17. Jamais deixe o vendedor questionar qualquer promoção.

18. Evite que o vendedor fique "lendo" suas informações. Quanto mais desinformado ele for, mais acreditará em você.

19. Não se assuste com *laptops* e outras máquinas modernas. Isso não quer dizer que eles estejam mais preparados para negociar.

20. Os vendedores que mais cedem são os mais antigos ou os mais jovens. O "antigo", porque acha que sabe tudo; e o "jovem", porque é inexperiente.

21. Se o vendedor estiver acompanhado de um supervisor, exija mais descontos, ameace romper a parceria. O supervisor não vai querer perder o pedido e o cliente na frente do vendedor.

22. Finalmente, nunca se esqueça da regra de ouro do bom comprador: invista seu tempo no vendedor despreparado e não perca seu tempo tentando fazer a mesma coisa com vendedores profissionais. Entretanto, não se assuste com grandes marcas, visto que, por trás delas, pode estar um vendedor que não se prepara, contando com a força da marca que ele representa.

Caro amigo, talvez seja a primeira vez que você veja algo parecido — e dá medo mesmo, porque os caras maltratam! Mas se você estiver preparado, pode ser bem divertido. Acredite!

E aí? Agora está pronto para negociar?

ASSISTA AGORA À ENTREVISTA EXCLUSIVA COM OSÉIAS GOMES

"EMPREENDER NÃO É SER GANANCIOSO, É SER LIVRE, E NÃO VER LIMITES NAS COISAS."

— OSÉIAS GOMES

ACESSE:

OSÉIAS GOMES, EMPRESÁRIO, GESTOR E CONSULTOR EMPRESARIAL. É FUNDADOR E CEO DA MAIOR FRANQUEADORA DE CLÍNICAS ODONTOLÓGICAS DO BRASIL, A ODONTO EXCELLENCE, COM MAIS DE 890 UNIDADES PELO MUNDO E UM FATURAMENTO EM 2019 DE R$500 MILHÕES. HÁ MAIS DE TRINTA ANOS ESTUDA SOBRE ADMINISTRAÇÃO E NEGÓCIOS. E EM 2019 LANÇOU SEU PRIMEIRO LIVRO, GESTÃO FÁCIL, QUE SE TORNOU BEST-SELLER.

COMPETÊNCIA 5
ACELERAÇÃO ESTRATÉGICA

PENSAMENTO DE GIGANTE PARA SER GRANDE

Atletas campeões em corridas sabem que com uma arrancada forte se chega mais rápido.

As largadas em alta velocidade são comuns entre os atletas de elite. Assim, eles já começam se destacando do congestionamento inicial, no meio do percurso estarão em uma posição confortável em relação aos outros concorrentes, e o condicionamento físico permitirá manter uma boa velocidade até o final.

O homem mais veloz do mundo, Usain Bolt, velocista jamaicano multicampeão olímpico e mundial, conseguia isso sem precisar mover as pernas mais rapidamente que seus rivais. O segredo da aceleração dele era dar passadas mais longas e fortes, correndo 100m com 41 passos.

É claro que tudo isso exige muito preparo, muita transpiração prévia, para se chegar ao mais alto nível de excelência.

Na vida profissional, o que faz uma pessoa alcançar em cinco anos um nível de sucesso que a maioria das pessoas bem-sucedidas leva quarenta anos para atingir?

Quando você dá a largada em sua trajetória, é decisivo ter boas ideias e muita paixão por seu trabalho. São as primeiras energias que o movem, principalmente no momento em que você monta o seu próprio negócio. Contudo, uma ideia genial, por si só, não garante sucesso. E a paixão também não vai longe se o trabalho não for muito bem-feito.

Todas as grandes empresas e todos os principais CEOs do mundo têm certeza de que o sucesso de uma corporação se deve a uma boa estratégia e a uma boa execução dela. Necessariamente nessa ordem, mas em um peso de 30% para a estratégia e 70% para a execução, que deve ser intensa e acelerada.

> *Você queria chegar ao sucesso levando a vida em ritmo suave? Trate de mudar o ritmo! Acelere! Essa caminhada exige muito vigor e rapidez.*

É você quem escolhe o ritmo e o tom da sua vida, mas precisamos avisar que sucesso não é uma valsa dedilhada lentamente na harpa. Se você quiser seguir em ritmo lento, demorará muito mais tempo, ou talvez nunca chegue, porque ninguém sabe como estarão as coisas daqui a vinte, trinta anos. Você já conhece as regras de hoje. Se arriscará a mudanças ainda mais rápidas na tecnologia, na economia e em todos os setores da vida? É uma aposta arriscada porque, se ficar defasado, perde tudo o que conquistou.

Então por que não fazer mais, melhor e mais rápido?

Um dos indicadores mais observados pelos investidores nos dias de hoje é a *escalabilidade*: como acelerar o crescimento e o faturamento de uma empresa, de maneira muito rápida, sem elevar proporcionalmente os custos, gerando assim um alto potencial de expansão. É o crescimento exponencial do negócio, que resulta de um ritmo acelerado. Para isso, a intensidade não é somente na carga horária ampliada, mas sobretudo na produtividade e na qualidade.

Motivação é pouco: o que se requer é total comprometimento.

O trabalho duro, que dita o ritmo do nosso tempo, não chega a ser novidade porque está na raiz do crescimento dos países de primeiro mundo.

Você quer mesmo o sucesso? Não adianta acordar às 8h e finalizar às 17h, achando que seu plano dará certo. O dia dos seus concorrentes começou bem antes...

No entanto, isso não é tudo. Imagine um vendedor que recebe a recomendação de começar o dia bem cedo, programa seu despertador para 5h30, pula da cama e se veste, toma café e às 6h em ponto está ligando o carro, feliz e animado. Então pega a estrada e pisa fundo no acelerador. Depois de dirigir uns 500km, vê a placa de uma cidadezinha e entra. Percorre as poucas ruas da cidade procurando alguma loja que seja do seu ramo de negócios. Não encontra nenhuma. Pede informações e alguém lhe informa que na outra cidade tem uma loja desse tipo. Ele entra no carro e dirige mais 100km. Entra na loja, mas já tem de tudo lá — a loja é abastecida pelo concorrente. Ele continua procurando e acaba tirando uns dois pedidos, que mal vão pagar o gasto com combustível...

A história parece exagerada, mas tem gente que faz praticamente assim, quando não planeja nada, mas acredita que será bem-sucedido, porque confia e se esforça. De nada adianta o pensamento positivo se a prática fica ao sabor do acaso.

Por incrível que pareça, muita gente conduz a vida e a empresa desse jeito. Tenta até traçar uma meta, mas não define estratégia nem tática. É preciso ter clareza sobre o seu objetivo e a forma de alcançá-lo, ou você não saberá o que fazer, nem mesmo aonde chegará.

> **É preciso acelerar, e muito. Mas se você não souber o que tem que ser feito também não saberá como fazer.**

Toda aceleração precisa de uma boa gestão. E a definição de gestão é bastante simples: fazer muito bem aquilo que tem que ser feito.

Acelerar para chegar aonde? Quem acelera sem rumo se distancia rapidamente do lugar ou da situação em que deveria chegar.

Qual é o plano de ação? Quem fará? Quando? Como é que medirá os resultados? Tem que ter plano estruturado. E o plano tem que ter um dono.

Em sua família, se você não educar seus filhos, a vida educará. O problema é que ela pode ser cruel. Na empresa também é assim. Se você não tiver um objetivo claro e não planejar, se não assumir o controle e suas responsabilidades, se não tiver uma visão ampliada, seus concorrentes vão fazer isso antes, e quando você quiser fazer... talvez seja tarde demais.

A realidade está mudando muito rapidamente. Para saber o que precisa ser feito, você não pode olhar só para sua empresa. Deve olhar em volta. Sempre. Gestão 360. Porém, é claro que precisa olhar também para dentro, com um monitoramento sistemático. Olhar para todas as direções, a todo momento, em todo lugar, a toda hora. E ser proativo. Não esperar que os outros façam. Fazer antes. Inovar.

Usando a metáfora do livro *Quem mexeu no meu queijo?*, de Spencer Johnson, se você não "cheirar o seu queijo" todos os dias, não perceberá se ele está ficando velho ou se está acabando. O que mais acontece nas empresas que quebram é isso. A metodologia de trabalho se defasa, o cliente some e quando as pessoas percebem... já era. Não tem mais jeito. O tempo não para.

Acelerar é também evitar a desaceleração e a inércia.

Você se lembra da história do Titanic? Era o maior navio de passageiros do mundo, última palavra em tecnologia, mas quando o piloto enxergou um *iceberg* e tentou frear, não dava mais tempo. Já lhe ocorreu que, se ele tivesse acelerado virando rapidamente o leme para a esquerda, talvez conseguisse desviar-se da enorme pedra de gelo?

Sua velocidade precisa estar aliada à capacidade de enxergar e de mudar a direção: se você não enxerga a pedra e não aciona os motores com força total, não terá capacidade de se adaptar.

O processo de aceleração também requer boa visão de jogo e a habilidade de ver algumas jogadas adiante.

Na maré agitada dos dias de hoje, quem se mantém no padrão que todo mundo segue, sem perceber que os ventos estão mudando, pode fazer seu empreendimento se chocar em um *iceberg*, e simplesmente afundar.

> **Se você continuar fazendo as mesmas coisas que sempre fez, continuará obtendo os mesmos resultados que sempre obteve.**

Quando um bom jogador de xadrez move uma peça, ele está pensando nas próximas jogadas do adversário e antecipando mentalmente o que fará depois de cada lance futuro. Ele pensa nas próximas quatro jogadas, pelo menos, e constrói uma estratégia de jogo.

"Minha empresa tem uma estratégia fantástica. Atendemos bem aos clientes, vendemos para todo mundo, a logística funciona..." Isso não tem nada a ver com estratégia, meu caro. Isso é eficácia operacional, é o básico do básico para uma empresa funcionar.

Imagine uma corrida de Fórmula 1 sendo narrada desta forma: "Felipe Massa para no box porque é essa a estratégia dele, botar gasolina e não parar mais. Essa é a estratégia da Ferrari." Isso também não tem nada a ver com estratégia, é apenas lógica! Você tem os dados, sabe quanto combustível cabe no tanque, quanto ele rende, como está a pista e qual é o estado dos pneus. Em raciocínios desse tipo você age com lógica.

Estratégia é muito mais do que isso. É a visão do que se quer alcançar, é a criação de um posicionamento envolvendo um conjunto de ações para superar os desafios e alcançar com pleno sucesso os objetivos estabelecidos, como o de conseguir mais resultados em menos tempo.

E "pensamento estratégico" é ampliar horizontes, é enxergar mais além.

O problema é que são raros os profissionais que estão preparados para pensar estrategicamente.

Quem está gerindo vendas, por exemplo, quase sempre perde muito tempo pensando em como fazer melhor alguma coisa. Ainda pior do que não saber o que é estratégia é não saber o que fazer com ela.

As pessoas geralmente acham muito chique quando a empresa leva os diretores e gerentes para um fim de semana em um bom hotel para definir o *business plan*. Eles têm prazer quando falam *business plan*, em vez de *plano de negócios*. Depois de bastante conversa, palestras e dinâmicas de grupo, sairá finalmente a estratégia da empresa, como se viesse de uma bola de cristal capaz de traçar o futuro.

No entanto, não adianta ter a melhor estratégia sem saber gerenciá-la. Na segunda-feira cedo, o pessoal chega ao escritório falando uns para os outros: "Temos que vender!" Quem fala assim geralmente não vende, está desesperado para tirar pedidos e acaba morrendo na praia.

Tudo depende da gestão estratégica, que consiste em fazer com que a estratégia definida seja sistematicamente gerenciada e implementada, no dia a dia.

> Se você está em um barco e não sabe para onde vai, qualquer vento parece bom. E, quando chegar a um porto, seja qual for, também achará ótimo.

Muitas empresas têm dificuldade de gestão estratégica. As pessoas até podem ter uma estratégia, porém ela não está clara e não é aplicada ao dia a dia de cada um. Às vezes fica pendurada na recepção da empresa aquela plaquinha de "missão, visão e valores". Entretanto você, que está lendo esta página, seria capaz de dizer qual é a missão da sua empresa, qual é a visão e quais são os valores? Se a gente fosse lá perguntar isso às pessoas, quase todo mundo teria que ir à recepção para ver a tal plaquinha. Até o dono da empresa, porque ele não sabe de cor. Contudo, o que está escrito na placa resultou de um evento bacana. É chique ter missão, visão e valores, mas só teria proveito se todos realmente praticassem no dia a dia cada palavra que está escrita ali...

Afinal, qual é a estratégia do seu negócio?

Existem excelentes ferramentas para aplicação do planejamento estratégico. Entre elas, o *Balance Scorecard (BSC)*, que pode ser combinado com várias metodologias; como a análise *SWOT* (sigla de *Strengths, Weaknesses, Opportunities* e *Threats*, ou Forças, Fraquezas, Oportunidades e Ameaças); os planos de ação do *5W2H* (as sete perguntas que vimos anteriormente); a metodologia *SMART* para a definição de metas (composta das palavras: *Specific, Measurable, Attainable, Relevant* e *Time-bound*, ou Específico, Mensurável, Atingível, Relevante e Temporal); o *Business Model Canvas*, mais conhecido como *Canvas*; e o *Kanban*, um conceito relacionado com a utilização de cartões (*post-it* e outros) para indicar o andamento dos fluxos de produção e processos. Nos cartões são colocadas indicações sobre determinada tarefa, por exemplo: "para executar", "em andamento" ou "finalizado".

Além dessas, existem ainda diversas outras ferramentas disponíveis para você incorporar e testar, procurando definir quais fazem mais sentido para o seu negócio.

Vale a pena conhecê-las a fundo e saber aplicá-las, avaliando, a cada passo, se você está avançando corretamente.

Será que deveríamos abrir outros caminhos? Para onde, afinal, o nosso negócio está indo? Nós estamos levando ou estamos sendo levados? Quais são realmente as nossas condições de vitória?

Enquanto a sua estratégia define o caminho a ser seguido, o plano tático é o "como".

O que será feito para conquistar essa ponte que o exército inimigo ocupou? Como mostrar ao cliente que a nossa linha de produtos será muito mais lucrativa para ele do que o catálogo do concorrente? Tudo isso, e muito mais, deve estar respondido no plano operacional.

Conforme já vimos, é necessário acelerar, e muito, mas não adianta acelerar sem ter estratégia. Para o vendedor, por exemplo, o sucesso começa na noite anterior. No dia seguinte você buscará o pedido, mas o planejamento, a formatação da venda, a construção da base de argumentação, a visualização da venda, tudo isso acontece na véspera. Começa na força do pensamento. Antes de qualquer plano acontecer no campo físico, ele precisa acontecer no campo mental. E é isso que difere um grande vendedor de um mau vendedor. Esse é o grande diferencial.

No dia a dia é que se forja um campeão de vendas. Todo dia ele vende.

Dizem que o vendedor tem que matar um leão por dia. Mas não é bem isso. Na verdade ele tem que matar dois ou três leões diariamente. Só que antes disso ele tem que saber onde o leão está e como vai matá-lo.

As pessoas olham para um grande arranha-céu e ficam impressionadas. É o caso do Burj Dubai, nos Emirados Árabes Unidos, com sua imponência e suas linhas arrojadas: a maior estrutura e o mais alto edifício construído pelo ser humano, com 828m de altura e 160 andares. Contudo, a parte mais difícil, que ninguém vê e que somente os especialistas valorizam, são as fundações.

> **Se construirmos um castelo em cima da areia, pode vir qualquer maré e derrubá-lo. Mas se construirmos com um bom alicerce, ele poderá resistir às mais fortes tormentas.**

No trabalho de vendas também é assim. Cada venda tem que ser construída desde os alicerces, com bases fortes. E você precisa se lembrar, a cada manhã, que se tornar um campeão de vendas ou um profissional de sucesso é uma construção incessante. A parte mais complicada é a base. Ninguém começa uma casa pelo telhado.

> *Lembro-me de um detalhe curioso ocorrido quando trabalhei na Suzuki, empresa automotiva, no Japão: quando uma máquina quebrava, o técnico japonês não chegava colocando a mão na máquina. Antes, ele perguntava bastante, observava bastante, e só depois começava a consertar, mas era bem mais assertivo nas suas ações. (UEDA)*

Dedique uma parte do seu tempo para pensar a estratégia. Pensar não é demorar a fazer. É também acertar para acelerar.

Ok, você quer vender mais. E o que fará para que isso aconteça? Antes de tudo, pensar a estratégia. Pergunte a si mesmo o que você está fazendo para satisfazer seus clientes. Aliás, está conseguindo satisfazê-los? E o que tem feito para ampliar mercados?

"Ah, estou implementando um atendimento excepcional!" Cuidado, não confunda: atendimento é uma coisa, vender bem é outra, estratégia é outra. Você pode ter um atendimento excepcional e não vender nada! Atendimento é premissa. Venda é técnica! Então, na estratégia de vendas, você tem que botar a cabeça para pensar.

"Meu irmão, aqui todo mundo tem que ter um tempo para pensar e desenvolver as próprias coisas." Quando os garotos biliardários do Google disseram isso, o que eles estavam fazendo? Criando um ambiente estratégico e criativo na empresa sediada na Califórnia, e hoje uma das mais valiosas do mundo.

Claro! Todo mundo tem que pensar. E se você, que tem o seu negócio, comanda pessoas e processos, não pensa, quem é que pensará por você?

"Ah, eu tenho que estar no balcão, ficar monitorando, vendo se o funcionário veio, se o cliente está bem atendido, porque o boi engorda é com o olho do dono..." Se você pensa assim, tome cuidado! O olhar do dono não pode ficar limitado ao balcão da loja. Deixar de olhar mais amplamente a estratégia do seu negócio para ficar controlando o atendimento e monitorando cada detalhe pode até fazer com que os clientes fiquem felizes, mas o resultado financeiro será frustrante...

Então vamos estabelecer metas ousadas e acelerar bastante para o resultado vir mais rápido e para que todo esse esforço possa realmente valer a pena! Certo, mas como fazer para as pessoas produzirem mais em curto prazo?

Talvez você tenha traçado metas ambiciosas e esteja difícil atingi-las. Então crie metas menores, realizáveis mais rapidamente! As pessoas vão ficar mais animadas com isso, a comemoração de cada meta será um estímulo para as equipes, você terá menos massa crítica e ganhará velocidade.

E se acontecerem erros nesse ritmo acelerado? Melhor assim, com metas mais rápidas, para reavaliar, corrigir o rumo e seguir em frente. Não tenha medo de ousar, inovar, antecipar o futuro.

Definiu o caminho? Analise pontualmente as etapas e acelere, para crescer muito mais rápido.

Estamos falando em desenvolver multiestratégias, com o máximo de intensidade. Essa é a fórmula da aceleração, que lhe permitirá avançar cinco anos em um.

Por que não ganhar mais velocidade em cima do que já está acelerado? Podemos colocar ainda mais intensidade nas estratégias que já pareciam bastante rápidas.

Quando minha equipe conseguiu vender nosso primeiro empreendimento imobiliário, inclusive um remanescente (que, para quem não sabe, é estoque de um empreendimento que não vendeu, e que alguns chamam de "osso"), vendemos R$33 milhões em 120 dias e estavam todos comemorando. Era um momento importante, que começava a firmar a minha empresa como uma das maiores especialistas do país em vendas de imóveis remanescentes. Depois da euforia de alegria pelo feito realizado, marquei uma conversa com todos no dia seguinte bem cedo e comecei falando: "Parabéns a todos, mas agora chega de comemoração. Porque, se nós conseguimos vender todo um empreendimento em 120 dias, agora vamos vender o próximo em 90 dias." Alguns acharam absurdo, pois o que havíamos conseguido já era um grande feito. "Gente, o que está em discussão não é a meta de 90 dias, isso está decidido", *respondi. "O que precisamos discutir e decidir agora é como alcançar essa meta, até em um prazo ainda menor." Resultado: vendemos o segundo empreendimento em 72 dias. Um valor maior que o outro, em muito menos tempo. E fomos trabalhando nesse ritmo de inconformismo, fazendo melhor e mais rápido a cada dia. Isso resultou na venda de um empreendimento de 741 unidades de R$47 milhões em apenas dois dias. E, logo na sequência, o nosso recorde de vendas: um empreendimento de R$35 milhões (188 unidades) em 6 horas. Porque tudo isso a gente escolhe, crescendo cada vez mais rápido, escalando o negócio, desenvolvendo escalabilidade. Sugiro que você pratique a aceleração nos seus planos, caro leitor. (UEDA)*

A maneira de remunerar também agiliza e viabiliza isso. É outro ponto importante dessa Competência. Por exemplo, se você remunera por performance, conforme o resultado de cada um, para o vendedor é muito melhor ganhar 100 mil reais em um mês do que em um ano...

Remunerando pela rapidez dos resultados, os rápidos são premiados e os acomodados são, no mínimo, chacoalhados. Os incomodados, que se recusarem a sair da zona de conforto, vão se retirar, o que é ótimo para os que ficam e adotam o novo paradigma. Essa é outra grande vantagem: você se livra dos acomodados. Todos os que desejam realmente aumentar seus ganhos passam a trabalhar mais, ninguém pretenderá voltar para casa às 18h, porque ainda pode ser feito um esforço extra, gerando mais resultados. E o empreendedor, quanto mais pagar a equipe, mais estará ganhando, acelerando, crescendo e escalando.

Vamos lembrar novamente do livro *A Arte da Guerra*, de Sun Tzu, obra-prima da estratégia, que já citamos na Competência 4. Queremos trazer agora o trecho em que o comandante levou seus soldados à beira-mar, e quando todos desembarcaram, ele retirou os navios. Para os soldados, só havia uma alternativa: lutar para vencer; ou então morrer, porque não tinham como recuar, era impossível fugir. Essa é uma excelente metáfora sobre engajamento: não entre no jogo falando "ou eu venço, ou eu morro". Para alguns, tanto faz, e por isso não performam. Conhecemos histórias de algumas empresas que eram isto: ou vendiam para continuar em pé ou teriam que fechar suas portas, e todos ficariam sem emprego.

> **Você precisa montar um time de pessoas engajadas em gerar resultados, entrar no jogo para ganhar ou ganhar, vencer ou vencer, vender ou vender, não tem outra opção.**

Eu tinha passado pelo mundo do varejo quando me tornei diretor da Editora Melhoramentos, em 1998, em meio a uma crise no mercado editorial, dois milhões e meio de exemplares em estoque, sem ter a quem vender. Perguntei ao meu líder: "Por que só se vende livro em livraria? Por que não vendemos, por exemplo, em supermercados?" Veterano no mercado de livros, ele me respondeu com outra pergunta: "Você quer botar livro ao lado de batata?" Aí eu disse: "Um é alimento para a alma e o outro é alimento para o estômago." Ele então me deu carta branca. Precisávamos vender. Foi disruptivo implantar seções de livros em supermercados, lojas de conveniência e outros espaços. Por que a Melhoramentos saiu da crise? Por que ela cresceu? Por que ela virou gigante de novo? Simplesmente porque a gente abriu outros segmentos, outros canais de venda. Lembro-me do dia em que cheguei com um pedido do Carrefour, de 1 milhão de reais, só de livros. Foi uma loucura... Ali começaram de verdade a me chamar de Vendedor Pit Bull. (LUPPA)

> **Para acelerar, é preciso se arriscar, sair da zona de conforto. A ousadia impulsionará sua trajetória no rumo do sucesso.**

Existem dois tipos de zona de conforto. Tem um ambiente positivo, em que você está faturando muito bem e pode decidir ficar como está. Mas é bom lembrar: várias empresas que eram gigantes no passado deixaram de existir porque não se atualizaram. E também podemos chamar de zona de conforto um ambiente bem pior: a empresa está quebrada, você está sem carro, com nome sujo, mas se acostumou a essa situação e vai levando.

No processo de aceleração, quando a questão é sair da zona de conforto, você precisa tomar decisões que não são as mais simpáticas do mundo. Nós costumamos demorar muito tempo para entender que o mercado tem momentos de paz e de guerra. Momentos de paz com um general de paz é ótimo. O jipe está limpo, o quartel está arrumado, todo mundo arrumadinho. Agora, em época de guerra, você coloca o fuzil nas costas e vai para o *front*.

O inimigo número um desta Competência da Aceleração Estratégica é algo que todo ser humano faz com muita naturalidade: impor limites. As pessoas impõem limites para si mesmas. "Isso eu não consigo", muitos de nós costumamos dizer. A história que contamos na Introdução deste livro é um bom exemplo: o frentista do posto de gasolina, de classe média baixa, olha um carrão chegando e pensa: "Eu nunca vou ter um desses…" Ele mesmo se condena a um destino extremamente limitado. Se ele olha uma foto de Paris ou Nova York, diz para si mesmo: "Eu nunca vou poder viajar para um desses lugares…"

São limites autoimpostos, que criam raízes em nosso campo mental. Por isso, nas situações da vida em que precisamos superar nossos próprios limites e mudar a realidade, devemos estar cientes de que o primeiro acontecimento é no campo mental.

"O segredo do sucesso não é tentar evitar os problemas nem se esquivar ou se livrar deles, mas crescer pessoalmente para se tornar maior do que qualquer adversidade", diz o escritor, empresário e palestrante canadense T. Harv Eker.[1] Quando a pessoa se acomoda na sua zona de conforto, por mais desconfortável que seja, é exatamente porque está tentando evitar problemas, ou se esquivar deles, por medo do desconhecido. Contudo, na verdade, os problemas estão dentro da própria pessoa. Enfrentá-los seria difícil, e a pessoa, por inércia, se considera incapaz de dar esse passo. Harv Eker diz também: "Se você só tiver disposto a realizar o que é fácil, a vida será difícil. Mas se concordar em fazer o que é difícil, a vida será fácil."[2]

Por medo do novo, a maior parte das pessoas surfará nas ondas que todo mundo está surfando, mesmo que nelas haja muita gente competindo e sobre pouco espaço. A maioria vai porque é fácil, porque é simples, porque cabe no seu cotidiano e no seu limitado campo de visão. É gente que está acostumada a ver no máximo dois palmos à frente do próprio nariz. Se está vendendo pouco, acha que é por causa da crise, sem ver que um dos concorrentes inovou e está vendendo muito.

O acomodado fica na inércia e bota a culpa na crise, enquanto o disruptivo acelera e vai mais longe. Os hotéis estavam confortáveis até aparecer o Airbnb, que não tem um quarto sequer e consegue hospedar milhões de clientes em todo o mundo, utilizando um novo modelo de hospedagem. Os taxistas estavam confortáveis até aparecer a Uber. Muitos reclamam disso, mas não pensam em sair da sua zona de conforto.

---

1 Eker, T. Harv. *Os segredos da mente milionária*. Rio de Janeiro: Sextante, 2006.
2 Id. Ibid.

Não é todo dia que alguém tem uma ideia como Airbnb e Uber. Mas basta sair do conformismo para ver que você pode ter opções mais promissoras.

Por exemplo, o que é melhor para você? Ser um peixão em uma lagoa pequena ou um peixinho em uma lagoa grande? Na sua cidade você tem centenas ou milhares de concorrentes, muitos deles tubarões, e nesse cenário dificilmente você deixará de ser um peixe pequeno, porque não cabe mais do que isso. As cadeiras estão todas ocupadas. Mas você pode escolher um lugar com pouquíssima concorrência, onde é mais viável tornar-se grande, mesmo que não seja fácil.

> *Comece hoje mesmo a inovar e acelerar. Pedra que não rola cria limo. E água parada não move moinho.*

Muitas ideias inovadoras são bastante simples e até banais, como uma técnica implementada na rede de *fast-food* McDonald's, que se tornou um exemplo de aceleração de vendas: todos os caixas foram instruídos a dizer ao cliente que, pagando apenas um real a mais, a porção média de batata frita do combo passa a ser uma porção grande. Algo aparentemente óbvio, mas ninguém havia pensado nisso antes. Ou a ideia que alguém teve na indústria de dentifrícios, de se alargar um pouquinho mais o bico da pasta de dentes, fazendo o consumo aumentar. Além de promoções do tipo "compre 3 e pague 2", "compre 2 e pague 1", ou "leve 600g pagando 500g", porém nem sempre esse volume adicional está vindo de graça...

Quanto mais você pensa no seu negócio e no que você está fazendo, mais se organiza. O travesseiro é um bom lugar para isso. Uma boa conversa com ele antes de dormir pode até resultar em sonhos inspiradores, porque seus neurônios continuam confabulando durante a noite. O exercício criativo fica ainda melhor se você organizar em um caderno as conversas com o travesseiro e também as ideias que brotarem a qualquer hora do dia. Tenha sempre à mão um caderno e uma caneta, ou use para isso o bloco de anotações do celular. Não censure as ideias. Pelo contrário: estimule e acelere seus pensamentos, que podem funcionar como um *brainstorming* permanente. Você se surpreenderá com os *insights* que surgirão.

Quando a gente fala de aceleração, algumas pessoas têm o péssimo hábito de ficar procurando o que fazer ("O que preciso fazer?"), em vez de buscar novas formas de fazer as coisas ("Como eu poderia fazer isso de um modo diferente do que tenho feito?").

Além de ficarmos ligados ao "como", para crescer e escalar, nós precisamos pensar no "quem", que faz toda a diferença.

Neste nosso mercado em crise, será que tem gente multiplicando milhões ou até bilhões? Claro que tem. Isso em todos os ramos, dos menores aos maiores. No setor de coaching, por exemplo, tem gente ganhando R$3 mil por mês enquanto outros faturam R$150 mil. Qual é a diferença? O "como" e o "quem".

Impossível falar em aceleração sem ficar atento também ao "quando". Vamos determinar o tempo em função de nossos objetivos ao escalar.

"Ah, um dia vamos conseguir dobrar o faturamento." Atenção, porque "um dia" não existe no calendário. Você precisa colocar um prazo. As coisas têm que ser absolutamente mensuráveis. Você determina um tempo. Toda meta tem que ser temporal: começo e fim. "Estamos começando hoje esse desafio, que estará vitoriosamente concluído daqui a três meses." Tem que ter um plano, e esse plano tem que ser exato.

Nenhuma empresa se torna realmente grande e bem posicionada no mercado se não tiver vendas de alta performance, sem ter uma liderança efetiva e sem saber negociar os melhores contratos. Se você não morre de amores pelas planilhas e pela gestão financeira, por exemplo, ou você adquire urgentemente esse conhecimento, estudando, treinando e se capacitando em alto nível, ou deverá contratar alguém muito bom a quem possa delegar essa parte, ou fazer algum tipo de parceria. Se não delegar e dividir responsabilidades, se não compartilhar a gestão estratégica, sua empresa não acelera o suficiente para decolar.

> *Uma grande causa da estagnação das empresas é o perfil centralizador de muitos empreendedores.*

Você sabia que apenas 10% das empresas executam suas estratégias? Isso acontece porque as próprias pessoas colocam barreiras em seus negócios. Existe barreira de tudo quanto é tipo. Por exemplo, a barreira da visão: apenas 5% dos colaboradores entendem a estratégia. As empresas não sabem explicar a estratégia ao seu pessoal. E, por incrível que pareça, tem empresário que fala assim: "Eu não abro a minha estratégia. Eu não conto ao meu gerente de vendas quanto estamos faturando, porque ele não precisa saber."

Isso é um erro gravíssimo! Chega a ser um absurdo não contar a estratégia da empresa para os funcionários e ainda querer que eles tenham motivação. Sabe o que acontece quando você tenta motivar seu pessoal desse jeito? Eles se tornam burros motivados. Um burro motivado é a pior coisa que tem em uma empresa.

Outra grande barreira humana: apenas 25% dos gestores recebem incentivos vinculados à estratégia. Como é que você quer implementar uma estratégia e acelerar seus resultados, se os gestores não são recompensados por isso?

Da mesma forma que você gerencia as vendas, você deve desenvolver sua gestão estratégica. Isso é um processo contínuo. Comunicar. Fazer com que todo mundo saiba quais são os objetivos e os resultados, e, principalmente, vincular a remuneração ao sucesso dessa estratégia. As pessoas precisam saber o que cada unidade tem que fazer para que todos participem de maneira ativa, consciente e com o mesmo direcionamento.

Portanto, antes de tudo é preciso que as pessoas envolvidas conheçam e entendam a estratégia! Só é possível acelerar o presente se todos tiverem visão de futuro.

O que você responderia se alguém lhe perguntasse sobre a visão de futuro que você tem para a sua empresa? "Bom, eu quero que ela tenha muito lucro." Isso qualquer garoto responderia. Falando sério: qual é a visão de futuro do seu negócio e o que você fará para chegar lá?

Se todo mundo começa o jogo igual, por que será que alguns têm sucesso e outros não? A primeira Competência que abrimos nesta caixa-preta mostrou a importância da transpiração com direção. Você necessita transpirar muito, aplicar o máximo da sua força de trabalho, mas, se não tiver inspiração e se não direcionar corretamente a sua força, continuará transpirando a vida inteira e não sairá disso.

Por isso que a estratégia é tudo. Você trabalha, trabalha, trabalha, e o sucesso não vem? Esse insucesso pode ter inúmeras causas, que cabe a você mesmo avaliar, mas, em resumo, é um erro estratégico. É como vender pelo preço errado e não cuidar da escala em seu negócio. Quanto mais você vende, mais prejuízo tem, a empresa quebra e você se pergunta: "Onde foi que eu errei?"

Não se pode fazer uma caminhada do presente para o futuro sem um bom mapa estratégico. "Qual é a minha meta financeira?", essa é uma pergunta-chave que deve estar respondida no mapa. Outra pergunta: "O que eu tenho que vender para chegar lá e para quem eu tenho que vender?" Com isso, nós estamos transformando as metas financeiras em mercadológicas. "O que eu tenho que aprender para chegar lá?" É impressionante como as empresas se perguntam tão pouco sobre isso, como se não fosse importante aprender para evoluir.

Outro detalhe fundamental para o crescimento: ter parceria estratégica com fornecedores, com clientes, com seu próprio pessoal e com outros talentos que agreguem valor ao seu negócio. Atrair recursos de todos os tipos. Você costuma pensar sobre isso?

Muitos empreendedores só pensam em mudanças quando o faturamento desaba e a concorrência começa a ocupar cada vez mais espaço. Na hora do desespero é que se preocupam em repensar, mas isso teria que ter sido feito quando a maré estava tranquila. Para acelerar a gestão estratégica, o melhor momento de repensar a sua empresa não é quando as coisas vão mal. Se você acha que não deve mexer em time que está vencendo, saiba que o jogo pode mudar...

Em que momento você tem melhores condições de empreender? É quando tudo está favorável. Não é quando as coisas estão ruins e você está sendo pressionado por uma ameaça. Porém, caso não tenha pensado nisso durante a fase boa, não tem outro jeito: será durante a tempestade mesmo.

Imprimir sua melhor versão no seu pior momento pode ser a melhor estratégia para seu crescimento.

Por que uma empresa-líder costuma ter um marketing mais agressivo que as demais? Porque o segundo lugar está sempre querendo ocupar a dianteira. Se o líder relaxar, leva mordida.

Qual é a pitada de criatividade que você coloca no seu negócio? Qual é o tempero que está efetivamente fazendo a diferença? Não adianta acelerar e visitar vinte clientes por dia se você não tiver um discurso para cada tipo de pessoa. Afinal de contas, cada um tem sentimentos e aspirações completamente distintos. Algo que tem muito valor para você pode não ter valor nenhum para outra pessoa. Então, você precisa observar com atenção, bastante focado na pessoa com quem está falando.

Você pode estar falando com uma pessoa afável, ou com alguém extremamente pragmático, ou questionador (cheio de perguntas difíceis), ou analítico (que dará muito valor às tabelas e gráficos que você mostrar). Não existem duas pessoas iguais. E deve compreender como é o seu interlocutor para entrar em sintonia com ele, além de ter muita criatividade para receber dele a resposta que você deseja ouvir.

Isso significa acordar todos os dias de manhã e se perguntar: "O que eu posso fazer a mais para agregar valor no que eu faço, para ter um posicionamento único de valor? O que eu posso fazer, além do que já faço, para ser diferente do meu colega e do meu concorrente?" O tamanho do seu sucesso estará diretamente ligado à forma de gerar valor para seu cliente. Seja criativo.

Criatividade é um dom, mas também é um exercício diário. Ser criativo não significa ser gênio. Pode significar simplesmente sorrir na hora certa. Instruir todo o seu pessoal para ser mais sorridente. Encantar o seu cliente da maneira mais óbvia possível.

Na caminhada para o sucesso profissional, esteja sempre atento ao diferencial dos profissionais de sucesso. Eles inovam, são criativos e ousados, estão sempre buscando fazer coisas diferentes, extraordinárias.

E você? O que tem feito de extraordinário ultimamente?

Vale a pena ser criativo. Vale a pena ser ousado. E é assim que as pessoas de sucesso se identificam umas com as outras. Criatividade tem tudo a ver com sucesso. Pense nisso!

> *Precisamos ser mais rápidos na implementação de nossas ideias criativas, porque as ideias circulam no ar.*

Uma grande empresa japonesa criou um método inusitado para selecionar e contratar novos líderes. Depois de várias etapas eliminatórias, no último estágio da contratação, eles diziam assim para os três finalistas:

"Vocês foram escolhidos para o processo final. Daqui a 45 dias vamos nos encontrar no pico do Monte Fuji para a entrevista. Ok? Até lá então."

Olha só a cabeça dos empresários aonde vai! "Primeiro ponto: o líder que nós queremos contratar precisa ser muito bom de planejamento. Eu dou 45 dias para ele. Se conseguir chegar lá em cima..."

O monte Fuji é a mais alta montanha de todo o arquipélago japonês. É um vulcão ativo, mas a última erupção foi em 1707. Tem uma altitude de 3.776m e dá para atingir seu topo subindo a pé, porém não é nada fácil. Você precisa levar no mínimo uma lanterna, um bom par de botas, alimentação e, sobretudo, muita disposição. Muitos sentem falta de ar e chegam lá em cima completamente esgotados e doloridos.

Para fazer essa subida, e ainda participar de um processo seletivo para um bom emprego, a pessoa precisa planejar bem essa subida em todos os detalhes.

Se chegar cansado demais, é porque não se preparou suficientemente e seus examinadores vão recebê-lo com um sorriso simpático, bem no estilo oriental, mas com uma expressão de "Eu não quero um líder assim"...

Se a pessoa desistir no meio da subida, pior ainda. Sem chance total. "Não queremos fracos", será o veredito unânime dos examinadores. Eles sabem que não devemos perder tempo treinando gente fraca, alguém que treinará, treinará, treinará, e continuará fraco!

Use seu tempo com os melhores, não perca tempo com gente ruim — pensam os japoneses, muito pragmaticamente.

E você? Qual é a sua estratégia para chegar ao topo?

Não se trata do topo do Monte Fuji, estamos falando do sucesso. Do seu sucesso. A culminância vitoriosa da sua trajetória pessoal e profissional.

Mais importante ainda:

Você, que é um profissional liberal, ou um executivo, ou qualquer função que tenha, qual é a sua estratégia?

O que você traçou para sua vida?

Qual é o seu projeto?

Qual é o seu mapa estratégico?

Acelere! Intensifique sua caminhada e não relaxe quando chegar lá.

Pronto. Chegou ao topo? E agora?

Como é que você se manterá aí?

Qual é a sua visão de futuro?

Seja ela qual for, acelere.

É o que deu origem ao título e ao subtítulo desta Competência: Aceleração Estratégica — pensamento de gigante para ser grande.

> *Em meu canal no YouTube, @edgaruedaoficial, eu entrevisto pessoas de sucesso. Alguns são milionários, outros multimilionários e até bilionários, aprofundando esta questão: o que eles têm em comum? Pensamento de gigantes. Pois se não alcançarem as estrelas, eles alcançam as nuvens, o que será muito mais além de outros, que não conseguiram chegar até ali. Temos que parar de ter pensamentos limitados, pensamentos medíocres e pequenos. Quem disse que o céu é o limite? (UEDA)*

Amanhecer no topo de uma montanha é sempre uma recompensa para os olhos de quem escalou até lá.

Lá de cima, olhe o mundo ao seu redor.

Sempre haverá novos horizontes a serem alcançados.

ASSISTA AGORA À ENTREVISTA EXCLUSIVA COM ANDRÉ SIQUEIRA

"NÃO TENHA APENAS O "POR QUÊ", TENHA TAMBÉM O "POR QUEM""

— ANDRÉ SIQUEIRA

ACESSE:

ANDRÉ SIQUEIRA COFUNDADOR DA RESULTADOS DIGITAIS, LÍDER DE AUTOMAÇÃO DE MARKETING NA AMÉRICA LATINA. EMPREENDEDOR ENDEAVOR E ATUALMENTE LIDERA A RD UNIVERSITY, DIVISÃO DA EMPRESA VOLTADA À EDUCAÇÃO. UM DOS PALESTRANTES MAIS BEM AVALIADOS EM GRANDES EVENTOS COMO RD SUMMIT E RD ON THE ROAD, IHRSA, CONECTA IMOBI, FÓRUM RECLAMEAQUI, EXPO DIGITALKS E ENCONTRO LOCAWEB, ENTRE OUTROS. FOI PROFESSOR DE PÓS-GRADUAÇÃO NA PUC-RS, ESTÁCIO-SC E SUSTENTARE, ALÉM DE MINISTRAR OS CURSOS DE MARKETING DIGITAL DA RD. GANHOU POR TRÊS VEZES CONSECUTIVAS O PRÊMIO DIGITALKS COMO PROFISSIONAL DO ANO EM INBOUND MARKETING E É CURADOR DE CONTEÚDO DO RD SUMMIT.

COMPETÊNCIA 6
O PODER DO ESCUDO

BLINDE-SE DOS PERDEDORES MENTAIS

"Com emoção ou sem emoção?" Essa pergunta, que talvez você já tenha escutado antes de um passeio de *buggy* pelas dunas do litoral nordestino, por exemplo, já se tornou tema de treinamentos para gestores e executivos que lidam com situações estressantes.

Você pode até responder que prefere que seja "sem emoção", mas a pessoa que constrói impérios, deixa um legado e faz história, passou por várias emoções. Em alguns momentos, ansiedade; em outros, estresse, raiva, medo, angústia, decepções, frustrações... e poderíamos listar aqui inúmeras outras, porque a emoção faz parte do trajeto no rumo do sucesso, assim como faz parte da vida, desde o nascimento até a morte. Existe parto sem emoção? E a partida de alguém? E o namoro, o casamento, a primeira palavra de uma criança, o primeiro emprego, o primeiro grande desafio conquistado?

> *Você pensava que este caminho não teria muito estresse, nem situações e emoções extremamente difíceis? Se quiser tranquilidade nesta subida, meu caro, pode ir descendo, porque não é assim...*

Emoções felizes ou sofridas, de vitórias ou de perdas, alegres ou aflitivas, gloriosas ou pavorosas, a vida é assim. Cheia de altos e baixos, como uma gigantesca montanha-russa. Não interessa quantas vezes você vai cair, e sim quantas vezes vai levantar e prosseguir.

Cada um reage de um jeito às emoções, que são provocadas por algum acontecimento ou sentimento. Uma pessoa pode ter todas as facilidades materiais e saúde física, mas vive amargurada, para baixo, enquanto outra enfrenta as maiores batalhas e se sente feliz.

Saber administrar as emoções é importante para uma vida emocionalmente saudável. A pessoa com inteligência emocional, quando percebe que está em uma emoção negativa, procura virar o jogo rapidamente e sair desse estado. Enquanto outros se entregam, como se o sofrimento fosse uma zona de conforto. Muitos curtem a "sofrência" e ficam pensando só no passado. Outros sofrem por antecipação, inventando infelicidades no futuro.

O faixa-preta Mário Yamazaki, veterano de centenas de lutas no UFC como árbitro de MMA, diz que nada supera um soco bem-dado no queixo. Nas lutas do dia a dia, podemos dizer que nada supera o tombo, o fracasso, uma grande queda.

Ou você administra a emoção e se levanta, ou fica um bom tempo deprimido, sem empreender, sem pisar no campo, sem buscar novas vitórias que seria capaz de conseguir.

É preciso entender e interpretar as emoções para conseguir administrá-las. Essa é uma habilidade extremamente necessária na caminhada para o sucesso, que você pode aprender.

Uma dica importante é perceber a diferença entre duas perguntas: "Por quê?" e "Para quê?"

O "por quê" vem sempre antes, mas é assim que a maioria das pessoas costuma reagir diante de uma notícia ruim. Enquanto você está buscando só o por quê, fica revoltado, não aceita, luta contra. É difícil sair desse estado emocional. "Por que fui demitido? Por que eu? Por que de novo comigo? Eu sou azarado, as pessoas me perseguem...", um festival de lamúrias, justificativas e... acomodação.

O mundo corporativo geralmente não sabe lidar com demissões.

No filme *Amor sem escalas*, o ator George Clooney interpreta um especialista em demitir pessoas. Há uma cena em que um homem que recebe a notícia da demissão começa a chorar e pergunta:

"Por que você está fazendo isso comigo? Eu sou pai, tenho responsabilidades, tenho compromissos! Como vou fazer agora?" Mas não tinha jeito.

Então o personagem de Clooney pega o histórico do cara e pergunta:

"Seu sonho antes de entrar aqui não era ser cozinheiro?"

"Sim", diz o homem.

"E há quanto tempo você está aqui, nesse emprego?"

"Há mais de dez anos."

"Seu sonho de ser cozinheiro ainda é muito forte?"

"Sim, é muito forte."

"E você deixou seu sonho amortecido por dez anos? Agora é o momento de realizá-lo."

> **Às vezes as pessoas se sujeitam a uma situação que está longe de ser o que desejavam, mas acabam se acomodando, se acostumam. E aquilo passa a ser seu ponto de referência na vida.**

Quando você sai do "por quê" e se pergunta "para quê", o mesmo acontecimento da demissão pode ser visto como um trampolim, uma oportunidade de encarar desafios muito mais promissores.

"Para que você foi demitido?", a pergunta poderia ser essa. E a resposta? Para provocar transpiração, iniciativa, para tirar você do círculo vicioso da inércia. "Mas eu trabalhava lá há quase trinta anos!" Será que foi assim mesmo? Ou será que no primeiro ano você aprendeu um monte de coisas e depois ficou repetindo aquilo, ano após ano? Agora terá a oportunidade de fazer coisas novas e de conquistar o sucesso, se você realmente quiser.

Sabendo gerenciar sua emoção, você também saberá lidar muito melhor com a emoção das outras pessoas.

Como um gestor no caminho do sucesso, você precisa fazer as emoções atuarem positivamente para o seu propósito. Com alguém indeciso, por exemplo, é preciso gerenciar essa indecisão a seu favor. É necessário entrar em sintonia com a pessoa para direcionar as emoções da melhor forma possível.

O aikido é uma arte marcial japonesa que se diferencia das demais porque seus praticantes não criam resistência aos golpes do adversário. Pelo contrário, você canaliza em seu favor a energia despendida por ele para atacá-lo. Fazer com que a emoção do outro jogue a seu favor é como essa técnica do aikido, em que você trabalha com a força do seu oponente.

Ao gerenciar a emoção de terceiros, produzindo bons resultados com isso, você se torna um influenciador de pessoas — seus liderados, sócios, clientes, familiares, amigos etc. — e sua importância cresce no ambiente social e profissional.

Por exemplo, imagine alguém que entra em uma clínica pet, com o seu cachorrinho no colo, dizendo aos prantos: "Meu filhinho! Meu filhinho!" Essa emoção pode ser usada por alguns vendedores, agindo de má-fé, para que o bichinho fique uns cinco dias na UTI, sem precisar...

Agora imagine um cliente entrando em uma funerária. Acaba de perder um ente querido. O momento é triste, mas a funerária é uma loja, um comércio como outro qualquer. E naturalmente o vendedor quer produzir o melhor resultado possível. Ele trabalhará com a emoção do cliente, que acaba comprando o caixão mais caro que tiver.

A emoção do cliente, para um bom vendedor, é um gatilho de vendas fantástico.

Além de tudo isso, e exemplos à parte, essa habilidade de gerenciar as emoções será importantíssima na trajetória para o topo do sucesso, porque lhe dará um escudo protetor contra as negatividades, armadilhas, ataques, pressões e pancadas de todo tipo.

Aí é que está. Você tem que se preparar para receber pedrada o tempo todo, porque a vida tem dessas coisas. Todo mundo gosta de dizer que a vida é bela, mas não podemos ignorar as intempéries.

Não há quem não cometa erros, mas desde os primeiros anos escolares você aprende que não pode tirar nota ruim, errar, nem ser reprovado. Também não pode fazer nada fora dos padrões aceitos: se pintar o céu de verde, vão dizer que está errado, porque o céu é azul. Depois, no mercado de trabalho, você precisa se vender como a pessoa perfeita, que não falha. Precisa ser valorizada, ser promovida, e a demissão é uma ameaça terrível em tempos difíceis.

O que nós queremos mostrar é que faz parte da jornada você apanhar, errar, falhar, cair e se levantar. Mas precisa saber administrar isso. Precisa gerenciar as emoções.

> **Sabendo gerenciar suas emoções, você pode ser como a massa de bolo: se a vida bater em você, você cresce.**

Todos nós temos momentos difíceis na vida, mas isso não precisa nos desanimar. Por exemplo, um vendedor comum está enfrentando alguma dificuldade e diz:

"Ih, estou com um problemaço hoje!"

E o campeão de vendas olha para o mesmo problema como oportunidade:

"Opa! Resolvendo isso eu vou ganhar a confiança do meu cliente e minhas vendas vão disparar!"

"Cada cabeça, uma sentença", diz o velho ditado. Duas pessoas, até muito próximas, como dois colegas de trabalho há muitos anos, ou marido e mulher, ou mesmo dois irmãos gêmeos, às vezes reagem aos acontecimentos de formas diametralmente opostas. Vivem praticamente a mesma realidade, mas os sentimentos de cada um são diferentes. Um olha o futuro com ansiedade e pessimismo, enquanto o outro tem certeza da vitória.

Se você lidera uma pequena equipe ou uma grande organização, sabe que precisa praticar o que nós chamados de "engenharia humana", percebendo as diferenças entre as pessoas e extraindo o melhor resultado que elas sejam capazes de produzir.

Todo mundo quer sucesso — como já dissemos, na Introdução deste livro. O que distingue uma pessoa da outra são as atitudes. Entretanto, na hora do "como", na hora de praticar, faltam as atitudes vencedoras, em especial ser forte e suportar as pancadas da vida.

De nada adianta ser bom de promessa sendo péssimo de prática. Justificativas não rendem nada: apenas tentam explicar, geralmente sem sucesso, o que ficou como saldo negativo em sua trajetória.

Provavelmente o sucesso não ocorrerá na primeira tentativa, talvez não na segunda, nem na terceira. Existe um estudo que calcula em 3,5 vezes a quantidade média de fracassos de um empreendedor antes de alcançar o sucesso. Ou seja, continue, recomece, tente outra vez, e mais outra, quantas vezes forem necessárias.

Liderança não é poder, e sim uma autoridade conquistada com amor, sacrifício e dedicação — já dizia James Hunter no livro *O monge e o executivo*. A palavra "amor" tem aí uma conotação muito mais ampla. É emoção. Como você pretende exercer a liderança com alguém sem emocioná-lo e se emocionar? Desde o momento que chegamos ao mundo, recebemos afago, carinho, colo, atenção, e essa percepção continua em nós por todo o restante da vida. Porque é assim que nós somos: mamíferos com cérebro humano.

O livro *A essência da liderança de resultados* (do Luís Paulo Luppa) diz que só é possível ser um líder de resultados gerenciando as emoções da equipe. Quer saber o peso de uma emoção? Ela decide. Portanto, pratique liderança com atributo da emoção. Percebendo, por exemplo, as emoções positivas e negativas que costumam ser vivenciadas na busca de um resultado de vendas.

Existem pessoas que contaminam emocionalmente uma equipe. São videntes do fracasso. Gostam de vestir a fantasia de fracassados, e querem que os outros façam a mesma coisa. Começam sempre um desafio admitindo que será difícil, que aquela meta é irreal, impossível de ser atingida. O pior é que, quem pensa assim, faz de tudo para poder provar, no final, que tinha razão.

Existem também os exploradores do mal. Não, eles não têm nada a ver com magia negra, e sim com o dia a dia das empresas. O foco desse tipo de gente é vender a ideia de dificuldade para se livrar da solução. Você diz: "Meu amigo, nós precisamos vender mais 50 mil reais nos clientes que compram em média 100 mil reais por mês. Vamos aumentar em 50% o nosso resultado nesses clientes." E a pessoa começa a abrir um leque de justificativas, que muitas vezes acaba convencendo até a liderança. Exploradores do mal adoram palavras como "crise", "inadimplência" e "recessão". Vivem falando essas coisas para justificar seus resultados medíocres.

Podemos dizer que essas posturas negativas têm um quê de psicológico. Porque desde a infância ouvimos muito mais "não" do que "sim". No entanto, o desafio é exatamente este: um dos atributos do homem de sucesso é transformar "não" em "sim". Tanto no seu trabalho — na atividade de vendas ou em qualquer outra área — quanto na vida pessoal.

Falamos do líder de resultados porque existe outro tipo de liderança que em geral não consegue gerenciar as emoções com eficácia. É o líder teórico. Ele não consegue estimular verdadeiramente o grupo, porque não tem clareza e confiança nem para si mesmo. O grupo fica inseguro, sente-se tolhido pelas ideias prontas do líder, não acredita que é capaz de realizar, não atinge os objetivos, e uma sensação de desconforto domina o ambiente de trabalho. Todos acabam achando que o problema está no produto, ou no planejamento, ou que o preço não ajudou. E o líder, além de achar isso tudo, avalia que sua equipe não é suficientemente capacitada. Porém, não é bem isso. O problema está na forma como as pessoas são conduzidas. Preste atenção, portanto, porque liderança é uma mola propulsora na sua organização. E se você é o que chamamos de líder teórico, procure estudar melhor os estilos de liderança e mudar sua postura o quanto antes.

No livro *O lado difícil das situações difíceis*, o autor Ben Horowitz afirma que o bom empreendedor, o bom CEO, não é aquele que só gerencia surpresas em tempos de paz, mas também aquele que consegue gerenciar e liderar em tempos de crise e de guerra. Ele consegue tirar o melhor de cada situação e de cada liderado, até no pior momento, que pode ser financeiro, familiar ou qualquer outro tipo de dificuldade.

Ter resultados em tempo de glórias é fácil. Quero vender e obter bons resultados em tempos de crises e de guerras. Por muito tempo, fui acionado pelas empresas do setor imobiliário para resolver problemas de vendas, isso no auge da crise imobiliária, de 2013 até

2018. Durante esses anos, identifiquei que, quanto piores estão o mercado, a empresa e seus negócios, mais conflitos emocionais os profissionais acumulam. O grande diferencial era parar, reavaliar, replanejar e recomeçar. Fazer o simples bem-feito, fazer bem-feito o arroz com feijão, motivar a equipe novamente, em alguns momentos trocar parte dessa equipe e colocar sangue novo. Hoje, como mentor, consultor e parceiro, continuo fazendo isso nas empresas. É preciso pausar em alguns momentos, e dar passos para trás em outros. Isso não tem nada de ruim: é melhor dar dez passos para trás e depois dar cem passos para frente, do que continuar andando rumo ao precipício e cair em um buraco tão fundo que você não consiga sair mais dele... (UEDA)

> **Uma pessoa de sucesso é a que consegue avançar mesmo em tempos de crise e de guerra.**

O "escudo" de que falamos no título desta Competência 6 tem vários superpoderes, inclusive o de blindar você contra sentimentos de dificuldade e todas as demais emoções negativas que possam prejudicar sua escalada para o sucesso.

Assim como algumas travas emocionais, como a depressão, levam à inércia, qual é a emoção que leva uma pessoa a transpirar e a produzir acima da média? Por que uma acorda às 5h com muita vontade de realizar e a outra ainda está na cama às 9h30?

"Ah, porque ela foi motivada", diriam alguns.

Isso é um engano. No mundo corporativo, essa ideia de motivação atrapalha muito mais do que ajuda. Por qualquer coisa as pessoas falam: "Preciso motivar minha equipe, preciso de motivação, estou desmotivado..." Motivação não se compra em loja, nem mesmo em palestras e sessões de *coaching*, e não está no ar para você pegar. Não é tangível.

Claro que um bom livro e uma boa palestra podem ajudar, mas essa força está dentro de você, bem latente, hibernando ou ativada a mil por hora. É algo que você desenvolve de dentro para fora. Na prática, ela é cíclica e é fruto de resultados. Quanto mais resultado você tem, mais se sente apto e capaz de buscar resultados ainda melhores.

Você se sente motivado quando está próximo de seu objetivo, vê a fita de chegada e pensa: "Estou chegando, vou chegar, vou dar tudo de mim e concluir essa prova!" Motivação é um impulso que faz com que as pessoas ajam para atingir alguma coisa que desejam muito. Precisamos ter um motivo, uma causa, um propósito, um grande "porquê", além de "para quê" e "para quem". Se for por você mesmo ou para outra pessoa, e se isso estiver pulsando muito forte dentro de você, mas muito mesmo, não faltarão motivos para agir.

Pronto. Nesse impulso você chega lá. Porque conseguiu formar na sua mente um mapa visual. Seu pensamento, antes mesmo de seus pés, romperá a linha de chegada.

Ter um mapa visual bem nítido na mente nos impulsiona para o objetivo. É preciso visualizar o alvo para atingi-lo.

E para quem não tem sucesso, qual é o caminho? É o fracasso. Que na realidade é onde deságua a desmotivação e o desinteresse pela vida. Fracasso é para onde os problemas escoam.

Quase sempre o fracasso é consequência de uma ilusão. Você pensa que está no caminho certo, e que está vendo uma luz no fim do túnel, mas essa luz é o farol de um trem vindo na sua direção...

Você conhece alguma pessoa que chega ao sucesso sem estar motivada? Sem ter um grande motivo e clareza nos seus grandes motivos? Enquanto isso, existem pessoas que também querem chegar ao topo e que sequer estão no caminho certo que leva até lá.

E você, quer mesmo chegar ao topo? Está realmente disposto a pagar o preço?

Lembre-se disto, então: não é apenas a motivação que leva ao sucesso, e sim o conhecimento, o treinamento, a autoestima, o firme propósito, e muita transpiração — mas muita mesmo! —, além de uma série de outros ingredientes que o empurram para frente. O sucesso para nós sempre foi um conjunto de comportamentos, de habilidades e de uma mentalidade expandida.

> **Na vida, muitas vezes você precisa de um empurrão. Precisa ser jogado no front da guerra, para entender a diferença entre obstáculo, problema e desafio.**

Você está caminhando por uma trilha e de repente vê, no meio do seu caminho, uma pedra enorme. Você leva as mãos à cabeça, exclamando: "Ai, meu Deus do céu! Como é que eu vou passar por essa pedra?" Esse é o mais fácil dos obstáculos, porque está bem visível, na sua frente.

Então você contorna, escala a pedra, ou talvez até decida explodi-la. Se tiver postura de liderança de resultado, achará um recurso para transpor e conseguirá continuar o seu caminho. Muito mais difíceis que a pedra grande são as pedrinhas em que você tropeça o tempo todo e que o levam à provação de ter que se levantar na sequência. Levantar e continuar sua caminhada.

A pessoa de sucesso aprende em cada tropeço. Não está preocupada com a falha, e sim com o aprendizado que tem a cada falha.

Essa história de escalada para o sucesso requer muita habilidade de inteligência emocional.

> *O vendedor vive situações fortíssimas no campo das emoções. Vendas sem agressividade é bate-papo informal.*

Nossa principal referência, por experiência própria, é o trabalho incessante e muitas vezes extremamente tenso do vendedor, debaixo de chuva um dia, debaixo de sol no outro, encarando horas e horas de engarrafamento que nos fazem chegar atrasados no cliente, e quando vamos parar na vaga aparece alguém estacionando antes... Tudo é novo todo dia.

A cada dia, uma bandeirada. No entanto, o campeão de vendas sabe por onde começar porque já fez seu mapa visual na noite anterior.

Para ser bem-sucedido no campo material, primeiro você precisa ser bem-sucedido no campo mental. Precisa entender e acreditar que é capaz, tem força de sobra para seguir adiante e conseguirá vencer.

No entanto, tem gente que faz o contrário: sonha, deseja, diz que quer ("Beleza, basta eu ser otimista para chegar lá"), mas não se movimenta. Você acha que basta ser otimista? Basta ser motivado? Autoengano. Não basta torcer para que o plano dê certo. Você tem que arregaçar as mangas e executar o plano!

Por que algumas pessoas têm sucesso e outras não? Se ainda está se perguntando isso, é porque falta uma regra dentro de você. A regra chama-se: VOCÊ. Ela consiste em acreditar que o sucesso é acessível, está disponível e só depende de você chegar lá.

Será que você é daquelas pessoas que se deixam abater nas derrotas e que ficam curtindo as lamentações? Ou é uma pessoa vencedora que aprende com a derrota?

O escudo protetor está em você mesmo. Faz parte de sua inteligência emocional. Então aproveite para prestar atenção também aos seus medos.

Do que você tem medo?

Talvez já tenha visto alguma vez, e vale a pena recordar, a historinha de um camundongo que vivia com medo dos gatos. Um dia ele encontrou sua fada madrinha e disse: "Fada madrinha, me transforme em um gato!" E ela o transformou em um gato. Porém, depois de um tempo, o gato procurou novamente a fada madrinha e pediu: "Por favor, me transforme em um cachorro bem forte." E ela o transformou em cachorro. Pouco depois, o cachorro implorou: "Pelo amor de Deus, me transforme em uma pantera. Uma pantera forte, robusta!" Mais uma vez a fada atendeu ao pedido. Entretanto, em dois dias a pantera voltou e pediu para ser transformada em um caçador. Amigo, não busque se transformar no que você não é. Não existe fada madrinha que tire o medo que o camundongo tem do gato, que o gato tem do cachorro, que o cachorro... e por aí vai.

O problema não é externo, e sim interno. "Você é seu maior inimigo", afirma Timothy Gallwey no livro *The inner game* ["A essência do jogo interior", em tradução livre].

O medo aciona um estado de alerta natural, que é necessário para nos cuidarmos em todos os momentos. Bem gerenciado, ele não precisa se tornar um pavor, nem ansiedade, nem fobia. Seja você mesmo. E não tenha medo dos seus medos.

E saiba que a coragem não é ausência de medo, mas sim a capacidade de agir apesar do medo e da intimidação. O homem de coragem vai além e tem confiança diante dos desafios.

> *O covarde é aquele que nunca tenta, o fracassado é aquele que nunca termina, mas o vencedor é quem nunca desiste.*

Saia da arquibancada e venha jogar com a gente! Bola para frente, driblando as dificuldades e superando os desafios. Não desista!

Desistir é totalmente diferente de fracassar. Não interessa quantas vezes você vai cair. O que importa é quantas vezes você levantará até conseguir. Quando quiser desistir, pare e descanse. Desistir jamais!

Você precisa usar o escudo protetor para se blindar também contra a insegurança.

Algumas pessoas — e não são poucas — saem de casa de manhã, para o trabalho, com pensamentos desse tipo: "Será que meu chefe acredita em mim? Será que minha família acredita em mim?" Contudo, não é preciso que ninguém acredite em você! Basta que você próprio acredite! Troque aquelas perguntas por essa afirmação: "Sim, eu acredito em mim!"

Muitos executivos não alcançam o sucesso justamente por falta de continuidade. Chamamos isso de "efeito maratona": todo mundo se alonga antes de começar, alguns até com exclamações de euforia, do tipo "Vamos correr!", "Vamos fazer!", "Vamos acontecer!", mas já no terceiro quilômetro do trajeto a maioria começa a se questionar: "O que é que eu vim fazer aqui?" No quinto quilômetro é assim: "Puxa vida, eu não me preparei para correr essa maratona!" E, no sexto, sem ter percorrido nem 20% do trajeto e já totalmente sem fôlego, são muitos os que desistem.

Walt Disney dizia que um dos principais problemas do ser humano é exatamente não terminar o que começa. Descubra o que é importante para você, prepare-se muito bem e mergulhe.

A maratona de que estamos falando não envolve só transpiração no trabalho em si, mas também resistir às pressões de pessoas muito próximas, como familiares, amigos e até o pessoal da empresa. Por isso se diz que o sucesso é como você estar em cima de uma árvore, com um monte de gente embaixo balançando para você cair...

O cofundador do Facebook, Mark Zuckerberg, conta que é quase impossível construir um império sem criar alguns inimigos ao longo da vida. A questão não é fazer inimigos, isso precisa ficar bem claro, mas os inimigos surgirão naturalmente. Um concorrente, um ex-colaborador, um ex-cliente, e tudo isso é natural, faz parte da jornada.

Outro ponto: em algum momento da sua vida poderá acontecer de seus filhos, seu marido ou esposa, familiares e amigos, jogarem contra, tentarem desestimulá-lo, dizendo: "Pare com essa história, isso não é para você...", "Para que mexer com isso neste momento?", "Trocar de emprego na sua idade? Virar empreendedor? Mudar de país? Voltar a estudar? Você está louco!"

Algumas pessoas se frustraram ao longo da vida e querem que você faça parte do mesmo time dos frustrados. Não querem que se desenvolva, cresça, mude de vida, enriqueça... vença. Blindar-se contra tudo isso é fundamental, e, acima de tudo, você precisa se afastar dos perdedores mentais.

> *Vai chegar o momento em que você será colocado à prova. Será que está reparado emocionalmente para isso? Use o escudo protetor!*

Quando a intensidade aumenta, você sabe que precisa daquela transpiração extra, precisa dedicar força máxima à realização do seu plano, mas começam a lhe dizer que você está errado, sem tempo para conviver, só pensa em trabalho, está exagerando, está maluco, está se arriscando... Um monte de gente lhe diz que você fez a escolha errada.

E se você não estiver seguro emocionalmente, se não souber administrar essas pressões, talvez começará a acreditar que seu esforço pode dar errado. Há um momento em que você mesmo entra em dúvida e se questiona! "Será que eu fiz a melhor escolha?" E pode acabar desistindo.

Você sabe que desistir não é o melhor caminho, então terá que afirmar:

"Esse sonho é meu! Esse sonho não é da minha esposa, não é do meu filho, nem do meu irmão ou da minha mãe. Esse sonho é meu. E quem tem que lutar por isso sou eu!"

Então você segue, sempre se preparando, avaliando, aprimorando, e consegue caminhar até o fim. Estar preparado emocionalmente é tão importante quanto a preparação técnica.

Não se sinta culpado por estar trabalhando muito, com pouco tempo livre em casa. Entretanto, quando separar um tempo para estar com os seus, esteja por inteiro. Com qualidade. Não brinque com os filhos pensando em outras coisas. Deixe o celular bem longe ou desligado durante um tempo. Quando estiver tomando um vinho com amigos, deguste prazerosamente, sem pressa. Quando estiver lendo um bom livro, preste atenção. Mergulhe! E quando estiver preparando um relatório, faça-o do início ao fim. Você pode fazer cada coisa de cada vez.

Quando você está na escalada para o sucesso, está pensando em si. Quando chega lá em cima, administrando o seu sucesso, vai para terceira pessoa do plural. Começa a pensar na equipe. É espontâneo. É natural. Isso acontece. É uma consequência do próprio sucesso.

Assim é a maturidade do campeão, da pessoa vitoriosa. Que compartilha sua vitória com as pessoas, não por obrigação, mas por puro prazer. E que se dedica também a transmitir seu conhecimento, como retribuição. Porque alguém, um dia, lhe ensinou.

> *As pessoas acham que o maior desafio é chegar ao topo, mas não é. O mais importante é se manter lá.*

O craque Cristiano Ronaldo costumava ser, em todos os treinos, o primeiro a entrar em campo e o último a sair. Quando ele foi escolhido pela primeira vez como o melhor jogador de futebol do mundo, você acha que ele deixou de fazer isso?

Para manter-se blindado, você precisa continuar praticando, agora com força redobrada, todas as Competências anteriores. É o caso da primeira Competência que estudamos aqui, a transpiração, que não é só para chegar, é também para continuar no topo do sucesso. Quando você chega ao primeiro lugar, em qualquer atividade, o segundo almejará conquistar seu posto e imprimirá um ritmo mais forte do que antes. Quem está atrás só pensa em tomar o seu lugar. Ou você continua no ritmo em que estava, ou melhora ainda mais o ritmo, para não perder sua colocação.

No livro *As 21 irrefutáveis leis da liderança*, o escritor John Calvin Maxwell afirma que há um momento da sua vida em que as pessoas entendem que você é alcançável, por isso querem derrubá-lo. Se você não gerencia suas emoções, quando perceber que tem um monte de gente tentando derrubá-lo, poderá entrar em depressão. E chega outro momento em que ninguém quer mais derrubá-lo, porque você já não é mais alcançável. Nessa altura da vida, aquelas pessoas começam a admirá-lo.

Contudo, há outro detalhe que não é tão fácil para quem chega lá: quanto mais no topo está, mais sozinho você fica. Precisará cuidar do seu ambiente emocional com mais entendimento e clareza. Você fica mais seletivo, procura administrar melhor o seu tempo. Não quer perder tempo com qualquer pessoa. Continuará sendo um eterno aprendiz.

E, acima de tudo, precisará ter muito cuidado para não cair em algumas armadilhas perigosas.

A primeira armadilha é a vaidade.

> *Quando vendi meu primeiro milhão de livros fui almoçar com meu amigo Chico Anysio e ele me deu uma enorme lição: "Pit Bull, a vaidade é o maior veneno do ser humano, porque é silenciosa e você*

adota como verdade. Tende a achar que é o maior, o mais bonito, o mais poderoso, o mais forte, o mais inteligente. Só que as outras pessoas não o reconhecem assim." (LUPPA)

Se não estiver aberto para sacar o que o outro está pensando sobre você, é porque está fechado em uma autoimagem ilusória.

Outra armadilha é a ilusão de sucesso garantido. Um campeão de vendas, por exemplo, que se acomoda no sucesso e para de transpirar. Antes ele ralava, levantava cedo, se aplicava o dia inteiro... mas quando chega ao topo, resolve relaxar, enquanto seus resultados despencam e ele nem liga.

Depois de alcançar o sucesso, o desafio é continuar se aprimorando em todos os sentidos. Fazer um bom *upgrade*. Construir jogadas perfeitas e continuar marcando belos gols.

Além daquelas armadilhas, você precisa estar atento para não virar uma "antena de mico". É quando todo mundo começa a levar problemas para você ajudar a resolver. Uma pessoa vem, pendura um mico em você e vai embora. Depois vem outro, põe outro mico e vai embora. Quando você percebe, está cheio de micos pendurados pela acomodação das pessoas. E como se blindar nesse caso? Se alguém chega trazendo um problema, não deixe que ele sugue sua energia; simplesmente devolva o mico. "Toma que o mico é seu!", ou nunca mais você terá tranquilidade. E continue seu caminho, sem deixar que o atrapalhem.

"Eu vou chegar lá!", "Eu quero chegar lá!", "Eu preciso chegar lá!" É o que as pessoas dizem o tempo todo, para si mesmas, enquanto estão escalando rumo ao topo.

"Por que não cheguei ainda?" Você já esteve focado na preparação para a subida, já trabalhou sua autoestima... sabe o que está faltando? Reforçar alguns ingredientes que são os temperos da vida: persistência e autoestima.

As pessoas de sucesso passam por uma série de dificuldades e mesmo assim não deixam de acreditar. Não deixam de persistir. Sabem que todo problema é uma oportunidade que a gente tem para fazer tudo de novo de maneira diferente.

O grande Bernardinho, que além de grande campeão como jogador de voleibol acumulou dezenas de títulos importantes dirigindo as seleções brasileiras feminina e masculina, sempre diz que o time aprende muito mais na derrota do que na vitória. Porém, a autoestima é aquele gatinho que se olha no espelho e vê um leão. É uma questão de postura, que todo mundo pode ter.

É uma pena que muitos desistam depois de uma ou duas tentativas, porque a persistência é o que nos faz caminhar para frente. Você deve saber que Thomaz Edson fez 990 tentativas até descobrir a lâmpada elétrica. E que Walt Disney foi demitido várias vezes antes de fundar o próprio estúdio.

> *Seja feliz com o que você tem, enquanto persegue o que não tem.*

As pessoas em geral valorizam muito mais o que falta do que o que sobra. Somente quando perdem dão valor ao que têm, ou melhor, ao que tinham. Ou seja, se esquecem de ser felizes com o que têm enquanto buscam o que não têm. Essa busca é bem melhor quando feita com alegria.

O equilíbrio das emoções pode facilitar incrivelmente a sua caminhada para a realização dos seus planos de vida.

Diariamente você toma decisões. Como avaliar se a sua escolha foi a melhor que você podia fazer? Saiba que as melhores decisões são as que têm um ponto de equilíbrio entre razão e emoção. Entre ceder e dizer não. Entre trabalho, família e lazer.

Entretanto, se você estiver, neste momento, quase totalmente focado na construção do seu sucesso, será que conseguirá esse equilíbrio?

Em primeiro lugar: tenha paixão pelo que você faz! Não importa o quê. Aquilo que escolher, escolha com o coração.

Se o dia não está bom, transforme-o. Essa regra de ouro da autoestima começa a valer desde o instante em que você acorda. Se iniciar o dia mal, ficará mal o dia inteiro. E, com o passar das horas, se o dia começar a ficar cinzento você pode transformá-lo. Por que não? Se você acredita em si mesmo, fará isso.

Ou seja, podemos desenhar e colorir o dia como nos sentirmos melhor. É uma escolha de cada um. Você decidiu hoje a roupa que ia colocar, o caminho que ia pegar, as pessoas para quem iria telefonar, o que almoçar... A vida é feita de escolhas. Então, você pode escolher ter autoestima, ser persistente e autoconfiante, pois isso vale a pena.

A cada etapa da trajetória, dê um mergulho na própria personalidade.

O que é realmente importante para você? O que o faz feliz? Não se trata de sair fazendo coisas que um amigo disse que são boas. Ou fazer o que seu pai mandou. Olhe para dentro de si. Veja o que realmente lhe dá paixão.

Busque as respostas dentro si. Você veio ao mundo com seu pacote da vida, no qual estão os seus talentos naturais. É sua caixa-preta pessoal. O maior desafio da vida da gente é descobrir esse talento, exercitá-lo e, mais do que isso, lapidá-lo. Para que você possa ser melhor, sempre.

Ainda no campo das emoções, visualize sua vitória e sinta o prazer de comemorar seu sucesso. Meta por meta. Não precisa esperar chegar ao topo para celebrar a grande conquista. Cada etapa vencida merece uma comemoração.

Com sua equipe, na empresa, a comemoração fortalece o ânimo de todos, a autoconfiança, o comprometimento, a vontade de prosseguir no caminho vitorioso. Comemore mesmo! Pode bater sino, batucar na mesa, gritar, brindar, abraçar, dar parabéns, porque uma vitória puxa a outra!

> *O jogador Bebeto, campeão mundial pelo Brasil na Copa do Mundo de 1994, é um grande amigo meu, e me disse certa vez que as comemorações ficam armazenadas em nossa memória e são lembradas todas as vezes que quisermos levantar o moral. "Quando você alcançar uma meta e reconhecer isso como uma comemoração, você se sentirá muito mais positivo em relação aos desafios que estão por vir", comentou ele. (Luppa)*

Acione seu escudo protetor para que as emoções negativas não façam parte do seu dia a dia, e celebre suas melhores emoções comemorando as vitórias.

Assim você terá, no fundo da mente, as melhores afirmações:

"Eu posso!"

"Eu já consegui e posso conseguir de novo!"

"Estou chegando ao topo do sucesso!"

ASSISTA AGORA À ENTREVISTA EXCLUSIVA COM FABRIZIO FASANO

"SE VOCÊ PUDESSE VOLTAR AOS SEUS 18 ANOS, O QUE VOCÊ MUDARIA? EU IRIA FOCAR EM ALGUMA COISA."

— FABRIZIO FASANO

ACESSE:

FABRIZIO FASANO É EMPRESÁRIO BRASILEIRO DO RAMO DE RESTAURANTES E HOTÉIS. MEMBRO DE UMA TRADICIONAL FAMÍLIA DE DONOS DE RESTAURANTES, O PRIMEIRO DELES ABERTO EM SÃO PAULO EM 1902.

O GRUPO FASANO CONTA COM RESTAURANTES NAS PRINCIPAIS CAPITAIS DO BRASIL: SÃO PAULO, RIO DE JANEIRO E BRASÍLIA. ALÉM DE OUTRAS CIDADES, COMO SALVADOR, TRANCOSO E PUNTA DEL ESTE, NO URUGUAI. TAMBÉM É FOTÓGRAFO E APRESENTADOR DE TV. PARTICIPOU AINDA COMO JURADO NO REALITY SHOW CULINÁRIO BAKE OFF BRASIL, DO SBT. TEVE PARTICIPAÇÕES EM PROGRAMAS NAS EMISSORAS REDE TV E BAND.

COMPETÊNCIA 7
É MAIS IMPORTANTE SER DO QUE TER

Pronto. Você trabalhou duro para chegar ao topo. Abriu a caixa-preta, acionou seu Ativador e praticou cada uma das Competências.

Transpirou com inconformismo e determinação, fascinado por realizar e direcionando todas as suas energias para o sucesso.

Construiu relacionamentos e se posicionou conforme seus objetivos.

Dominou a arte de vender e de negociar para conseguir resultado máximo.

Acelerou estrategicamente, pensando grande para se tornar um gigante.

Gerenciou suas emoções, cuidando de se blindar com o poder do escudo, para que nada o impedisse de avançar em sua escalada.

E aqui estamos.

Você olha em volta e busca entender com clareza a essência do seu sucesso.

Quando estava iniciando a vida adulta, o sucesso era conseguir um bom emprego. Com o tempo você começou a pensar como empreendedor da própria carreira, aumentando sua performance no trabalho e colhendo o máximo de resultado financeiro. Sucesso passou a ser sinônimo de dinheiro.

Depois o dinheiro foi se tornando uma parte do resultado. A satisfação de atingir as metas. Dinheiro tornou-se o prêmio, a consequência, com o reconhecimento social. Entrar na empresa na condição de número um. Chegar em casa como um campeão na sua atividade profissional. Isso passou a se refletir em sua vida inteira.

> *Muitos associam a ideia de sucesso à riqueza material. Entretanto, o foco do sucesso está no Ser, e não no Ter.*

A visão de sucesso muda várias vezes ao longo da vida. E você, mesmo chegando ao topo, talvez continue a se perguntar em que ele consiste realmente.

A maioria das pessoas pensa em sucesso conjugando o verbo ter. Ter dinheiro, ter prosperidade, ter sucesso. Contudo, no campo do Ser você percebe que vários aspectos de sua vida são mais significativos e valiosos que os bens tangíveis.

"O que é mais importante para você?" Se fizermos essa pergunta a cem pessoas, o mais provável é que quase todas respondam: "Minha família" ou "Meus filhos".

Resta saber qual é a prioridade real de cada uma dessas pessoas no tempo e na atenção dedicados à família, aos filhos, ao trabalho, ao estudo, ao lazer, aos amigos, enfim, ao que se considera importante na vida.

Nas fases em que você precisa se concentrar mais intensamente em busca do sucesso, talvez a resposta mais coerente seja esta: "A coisa mais importante, a minha prioridade neste momento, é o trabalho."

Como assim? O trabalho é mais importante do que a família?

Será que alguma coisa está desconexa? Seus objetivos coincidem com sua prioridade? Seu discurso corresponde à sua prática? Seria coerente falar que a família é mais importante quando você aplica no trabalho até 90% do seu tempo e das suas atenções?

Não precisa se desculpar nem criar um discurso irreal. Se você diz que o trabalho é mais importante, já que dedica a ele a maior parte do seu tempo, está sendo coerente, autêntico, sincero.

Agora, perguntamos: será que a gente não precisa ter equilíbrio entre as várias dimensões da vida — como família, trabalho, lazer, saúde, espiritualidade, estudo etc.?

Você deve ter lido em vários livros de autoajuda que esse equilíbrio é fundamental, e talvez tenha sofrido com isso quando, em muitos momentos de sua trajetória, não pôde passar o fim de semana com a família, deixou de ver o filho crescer, não pôde cuidar da própria saúde, muito menos frequentar uma academia, não tinha tempo para encontrar os amigos, não parava um instante.

Porém, você também viu, na biografia de pessoas de sucesso, que o desequilíbrio faz parte da jornada. E que o próprio ato de caminhar contém um desequilíbrio que aprendemos a administrar desde muito cedo, no passo seguinte e no outro, às vezes caindo e levantando seguidamente. A relação entre desequilíbrio e equilíbrio é mais intensa ainda quando a gente precisa correr e dar um grande salto para a frente, às vezes até um salto no escuro, ao longo da incessante maratona de construção do sucesso.

Quantas vezes nós temos que dedicar menos atenção a alguns setores da vida que são importantíssimos, para que eles possam ser atendidos na fase seguinte...

Aos poucos nós vamos resgatando aquele equilíbrio que se mostrava impossível em vários trechos da caminhada. Buscamos fazer coisas que antes não conseguíamos fazer, pelas pessoas mais próximas e por nós mesmos. Mas não nos sentimos culpados por aquelas etapas que precisávamos percorrer. Apenas guardamos na memória o que aprendemos nas situações mais difíceis e as dores que enfrentamos em muitos e muitos momentos, enquanto íamos avançando com esforço, determinação, transpiração e visão de futuro.

Como dizia Napoleon Hill: "Tudo o que a mente humana pode conceber, ela pode conquistar."[1]

> *A crença inabalável na vitória trouxe você até aqui. Antes de chegar ao sucesso no campo físico, essa realidade já estava construída em seu campo mental.*

Seus objetivos precisam estar ligados à sua prática. Só que a vida, na realidade, é um grande malabarismo, em que você tem que equilibrar várias bolinhas, e geralmente são estas: saúde, amizade, fé, família e trabalho.

A gente fica o tempo todo movimentando essas cinco bolas (ou mais!) com apenas duas mãos, evitando que caiam no chão.

Entretanto, existe uma diferença clássica entre elas. Todas são de vidro, com exceção da bolinha do trabalho, que é de borracha. Quando ela cai, quica no chão e volta. E você continua ligado à necessidade de trabalhar, em busca do trabalho, obstinado nele, dedicando muito mais tempo a essa bola do que às demais.

---

1 Hill, Napoleon. *Quem pensa enriquece*. Curitiba: Fundamento, 2009.

Se uma das outras bolas quebra ou racha, por ser de vidro, você sabe que ela nunca mais será a mesma coisa. Às vezes não há mais o que fazer com uma bola quebrada. Então, você tem que avaliar muito bem os riscos do seu malabarismo, porque esse conjunto de fatores constitui a palavra "sucesso" em seu sentido mais pleno.

O sucesso são essas cinco bolinhas girando sob seu controle seguro e equilibrado. Com o tempo você aprende a ser um excelente malabarista. Saberá dosar o tempo de cada bolinha no ar, a distância em que pode jogá-la, de um jeito que volte às suas mãos com segurança, e essa performance pode se tornar agradável, gratificante. Podemos ser mais do que nossas mãos alcançam.

Ainda falta muito para você conquistar esse equilíbrio?

Você está lendo nestas páginas uma série de referências importantes para construir seu mapa mental, mas ainda falta muito a percorrer?

Bolinhas na mesa, então. No início a gente não consegue equilibrar várias bolas; essa habilidade se desenvolve com o tempo. Por isso, propomos que você avalie seu momento presente e sua visão de futuro.

Faça uma tabelinha simples, relacionando as coisas que considera importantes em sua vida. Por exemplo: família, filhos, trabalho, lazer (pode ser específico: futebol, cinema, teatro, música, leitura, passeios e viagens), fé, saúde, preparo físico, amigos, estudo etc. Coloque tudo isso em ordem de importância. Depois, na coluna ao lado, indique o percentual de tempo que tem dedicado a cada uma dessas coisas. Pode fazer outras colunas, para indicar o percentual do seu tempo que gostaria de estar dedicando e o quanto pretende dedicar a cada item no futuro, quando for dono do seu tempo.

Por enquanto, seja realista. O que será da família sem seu trabalho? A escola do seu filho, boa alimentação, brinquedos, livros, atendimento médico, lazer, aquele hambúrguer que ele gosta de comer com refrigerante em sua lanchonete preferida no fim de semana...

E que setores deverão ficar em modo de espera, até que você possa dedicar a eles a atenção necessária? A escolha é sua.

Nós temos um poder extraordinário: o da escolha. Deus nos deu este poder: acordar de manhã e poder escolher se vai ter um dia bom ou ruim. Às vezes a gente acorda tão atropelado que dá uma topada no pé da cama com o mindinho e é aí que o dia fica um inferno mesmo.

Cabe a você, e a mais ninguém, acordar e decidir que terá um bom dia. É claro que o sucesso financeiro ajuda. E muito. Porém, não é tudo.

Quando prestamos atenção em nós mesmos, podemos ter nas mãos as rédeas da nossa vida, pois temos a exata noção dos nossos valores, aonde queremos chegar, como e com quem.

Mostramos um comportamento mais seguro. Nossas atitudes despertam confiança nas pessoas, porque são coerentes com os nossos princípios. Nossos discursos são coerentes com as ações.

Por isso você precisa estar sinceramente atento ao modo como se relaciona com as diferentes instâncias da vida, como família, trabalho, saúde, amigos, além de evolução mental (do conhecimento à sabedoria), e da inteligência espiritual, que se cultiva pela fé.

Qual é o ponto principal do sucesso? A realização financeira? A felicidade? A liberdade de ser o gestor do seu tempo?

E se, mesmo sendo dono do seu tempo, algum aspecto de sua vida não estiver bem resolvido?

Você tem qualidade de vida, tem todo o conforto material que se pode ter, mas percebe que isso não significa necessariamente uma vida de qualidade. Qualidade de vida é o que você tem. Vida de qualidade é o que você é.

A revista norte-americana *Forbes* perguntou a cinquenta bilionários quantas horas eles trabalham por semana. Apenas cinco deles afirmaram trabalhar menos de 20 horas semanais. Noventa por cento trabalham mais de 40 horas por semana, e 1/3 destes trabalham mais de 60 horas.

Um dos autores dessa reportagem da Forbes, Ricardo Geromel, dedicou-se depois ao projeto pessoal de entrevistar bilionários de vários países para escrever seu livro *Bi.lio.nár.ios, o que eles têm em comum além de nove zeros antes da vírgula?*, e concluiu que existe um *mindset* característico de quem se tornou bilionário, que faz com que a maioria deles pense e aja de maneira similar.

"Por que os bilionários, mesmo já tendo atingido essa condição, não pararam de trabalhar até hoje?", ele se pergunta, citando o matemático Gary Becker, prêmio Nobel de Economia, que afirma: "Quanto mais dinheiro você ganha, maior é a probabilidade de trabalhar mais. Se você não está envolvido em atividades de trabalho, então há custo para a alternativa de se passar o tempo. Mesmo que você entenda as consequências negativas de ser viciado em trabalho, tem a tendência de continuar, pois o custo de 'não fazer nada' é muito alto."

Atualmente, lembra Geromel, a tecnologia nos permite trabalhar de qualquer lugar e a qualquer hora. "Nunca foi tão fácil trabalhar tanto."[2]

Contudo, o principal foco das pessoas que chegam ao topo como bilionários está nas realizações, e não mais no dinheiro como objetivo final. O verdadeiro objetivo de cada um deles é ser um realizador, alguém que faz história, que deixa um legado, que constrói um império, não somente no âmbito financeiro.

Fazem investimentos sociais em educação de melhor qualidade (muitas das melhores universidades do mundo são mantidas por bilionários). Criam fundações de fomento à cultura. Patrocinam pesquisas científicas e outras causas importantes nos mais diversos países. Viabilizam grandes projetos de reflorestamento e proteção ambiental.

---

2 Geromel, Ricardo. *Bi.lio.nár.rios, o que eles têm em comum além de nove zeros antes da vírgula?* Rio de Janeiro: Leya Brasil, 2014.

Ampliam seus empreendimentos imobiliários para a construção de moradias em comunidades carentes.

E deixam um legado que transforma a vida de muita gente. Suas realizações geram impactos decisivos para milhares, milhões de pessoas, ou mesmo toda uma geração. Quem doa para uma causa nobre ganha mais do que aqueles que recebem. Essa é a essência da teoria do *giver day*, o "dia do doador": é contribuindo que se ganha.

Ser uma pessoa melhor a cada dia é um processo contínuo e gradual, ligado à atitude de pensar no próximo e contribuir mais, tanto nas grandes causas quanto nos pequenos gestos do dia a dia, que estão no campo do Ser, e não do Ter: sendo mais solícito e prestativo, dando mais atenção ao filho, ouvindo mais, ajudando uma velhinha a atravessar a rua, dando água para um animal que está com sede, recolhendo um lixo que nem foi você quem jogou, coisas simples assim, dentro da realidade de cada etapa, às vezes com pouquíssimo tempo para isso, mas sempre ligado nessa atitude.

A essência, portanto, não está somente em gestos grandiosos. Cristiano Ronaldo, o jogador mais bem pago do mundo, desceu de um ônibus para falar com uma criança que estava chorando na calçada, querendo vê-lo. Esse cara não perde a própria essência. Seu sucesso está no Ser, e não no Ter.

Além disso, procure olhar para dentro de si, observar a própria alma e pensar: "O que estou fazendo para mim e por mim?" Entendendo que estamos correndo uma maratona e não uma corrida de 100m, e que precisamos estar bem, para impactarmos positivamente a vida dos outros e toda a realidade que nos cerca.

Afinal, de contas o que você pretende levar dessa vida? O que pretende que as pessoas escrevam no seu jazigo quando você partir definitivamente? Você pensa em levar seu carro zero? Sua moto? A casa dos seus sonhos, que conseguiu ou conseguirá comprar? Nada disso! Você só levará a sua obra, seu legado. Mas, para isso, você tem que ajudar a construí-la.

E de que maneira você vem cuidando da sua fé? Não vamos falar de religião, se é Jesus, Buda, Oxalá, Maomé, Krishna; o que interessa é a importância de se ter fé. Se você abrir a caixa-preta de um avião que caiu, a frase que mais ouvirá provavelmente será: "Ai, meu Deus!" A fé aparece na hora em que você mais precisa dela.

Então, cultive sua fé — e se não tiver nenhuma religião, que seja uma crença inabalável no poder do ser humano para transcender a realidade palpável, algo assim —, porque a possibilidade que temos de ampliar a nossa visão do universo nos ajuda a enfrentar os percalços e seguir adiante.

> *Com paixão de vencer e o firme propósito de fazer a diferença na vida das pessoas, você poderá fazer do sucesso uma grande missão de vida.*

Pense nisso e escreva: Qual é a sua missão de vida? Mas é sempre bom lembrar que o mundo e a vida costumam nos reservar muitas surpresas. E quem sabe a maior delas ainda esteja por vir?

Considere, por exemplo, que a sua missão de vida é desenvolver e aplicar com sabedoria alguns dons que Deus lhe emprestou. É bom saber que eles não vieram prontos, que você precisa lhes dedicar muito esforço, e que eles podem até ser retirados se não forem bem utilizados. E aí, vai encarar?

Nós, autores deste livro, podemos dizer que nossa missão de vida é despertar a mudança na vida dos outros. É transformar a vida das pessoas sob o ponto de vista de que tudo é possível, desde que a gente não permita que se estabeleçam limites em nossa capacidade e em nossas realizações.

Não imponha um limite para você, mas procure saber onde ele está, porque assim será possível ultrapassá-lo.

Romper limites é mudar um script que as circunstâncias da vida tentam lhe convencer a seguir, para sobreviver. No entanto, você quer muito mais do que sobreviver. Quer viver o sucesso. E para isso precisa mudar as circunstâncias.

As grandes mudanças dependem de você, dependem de cada um, não dependem dos outros.

Você leu com atenção a Competência 3 desta Caixa-preta do Sucesso, que trata de como dominar a arte de vender. Então faça agora a venda mais importante da sua vida, que é vender você para você mesmo.

Não precisa andar em brasa, nem se jogar de árvore ou atravessar a correnteza de um rio perto da cachoeira. Basta colocar a cabeça no travesseiro e conversar consigo mesmo: "Eu sou um bom vendedor, então vou me vender para mim mesmo."

Então comece a apregoar suas qualidades. Seu grande diferencial. As fantásticas vantagens de ter e ser você. Ninguém tem quatro braços ou cinco pernas. Com dois braços e duas pernas, você equilibra aquelas bolinhas muito bem, e ainda faz muito mais. Ninguém voa como o Super-Homem, mas a sua imaginação não tem limites e consegue levar você às incríveis realidades que você visualizar.

Venda você para si mesmo e acredite que tudo isso é possível. Essa venda é indispensável para que realize sua missão de vida.

É o que nos faz escrever este livro. É o que nos faz estar em um lugar do mundo hoje e, amanhã, em outro lugar completamente diferente, vivendo novos desafios. É a possibilidade de acreditar que a gente pode mudar.

É ter um propósito na vida.

A essência do propósito pode ser explicada com um exemplo muito simples. Como é que você explica que um soldado do Corpo de Bombeiros, que ganha em média dois salários mínimos por mês, escuta o alarme do quartel, sai correndo para o carro e entra em um prédio em chamas arriscando a própria pele para salvar alguém que ele nunca viu na vida? O propósito dele é salvar vidas. A pessoa que entra por dinheiro em uma profissão dessas ficará no máximo um mês. Sairá fora. E o professor primário? O salário é pequeno, as condições de trabalho são difíceis, mas seu propósito é educar! Milhares de crianças são preparadas para a vida graças ao empenho desses educadores nas salas de aula.

> *O propósito é a alma. Quando você não tem um propósito, sua estratégia é frágil e seu esforço não tem substância, não faz sentido.*

Sucesso no sentido pleno da palavra não é só dinheiro. O sucesso está nos resultados, em seu sentido mais amplo, mais profundo, ligados à qualidade humana e não à quantidade de bens materiais.

O dinheiro é mandatório até certo ponto da vida da gente. É um requisito obrigatório. E depois de conquistado, a nossa missão de vida é que passa a ser mandatória.

Existem pessoas com propósito, com missão de vida, enquanto outras correm atrás de alguma coisa que nem sabem direito o que é. Perseguem uma miragem, uma visão ilusória do sucesso.

A vida sem propósito é uma tarefa. A vida com um propósito é um legado.

Seu país tem uma bandeira, seu clube tem um escudo, sua empresa tem um logotipo e um slogan, então por que você, na sua vida, não tem também um emblema, uma marca, um lema?

Qual é a marca da sua vida?

Qual é o seu lema?

Qual é sua missão nesta vida?

Faça com que a sua marca, seu lema e seu propósito sejam inspirados pela paixão.

Quando você se sente apaixonado por alguém a ponto de escolher essa pessoa para viver junto e formar uma família, e quando se vê apaixonado pelo filho que acaba de nascer, ou quando está apaixonado pelo seu trabalho e se supera a cada dia para ser um grande profissional, a sua vida muda. Tudo muda.

"Aproveite o poder de sua paixão", disse a bilionária midiática norte-americana Oprah Winfrey. "Paixão é energia. Sinta o poder de se concentrar no que o excita."

E não se esqueça de reforçar a sua paixão com o aditivo da tenacidade. Pois ela não se apresenta de modo explosivo. Não surge de repente, como paixão à primeira vista. É algo que se constrói no seu dia a dia, algo em que você se envolve, investindo suas energias e "se jogando de coração, corpo e alma", como afirmou Ricardo Geromel.

> *Apaixone-se por você, por sua presença no mundo, por tudo o que já realizou e por muito mais que ainda realizará, em seu benefício, em benefício dos seus e de todo o universo.*

Você deu um enorme passo abrindo a Caixa-preta do Sucesso. Subiu boas etapas da escalada para o topo lendo este livro. Por isso está de parabéns. Porque hoje, à custa de muito esforço, você já é muito melhor do que era ontem, e amanhã será melhor ainda. Sem limites.

Não só tendo alcançado o topo do sucesso, mas sabendo manter-se lá (ou melhor, no aqui e agora), para continuar criando e realizando, sempre mais e mais.

Espremendo tudo isso, o que nós queremos de verdade é que você seja feliz!

Com certeza, para que possamos ser felizes, precisamos gostar de nós mesmos.

Estamos falando de autoestima.

É poder olhar o espelho e dizer: "Essa pessoa é bacana, merece tudo de bom que a vida lhe oferecer."

Não se trata de arrogância, mas, de verdade, é ótimo saber que somos importantes, antes de mais nada para nós mesmos, com humildade e simplicidade, mas com a certeza da segurança que a autoconfiança nos traz.

Esse gostar é adquirido durante a nossa história de vida, quando possuímos exemplos de pessoas (mães, pais, educadores, líderes) que também se valorizam. Que mostram, por intermédio de suas atitudes, a importância do que hoje chamamos de pensamento positivo — não de maneira fantasiosa, mas com veracidade interna: realmente acreditar que tudo de bom é possível. E quem faz isso acontecer somos nós, por intermédio do nosso comportamento!

Não é difícil identificarmos as pessoas que se gostam e as que não se gostam. Veja se você não reconhece estas características:

ELEVADA AUTOESTIMA:

- **Bom humor:** Sempre sorrindo e olhando a vida pelo lado mais bonito que ela certamente possui.
- **Positividade:** Acredita que tudo dará certo, mesmo diante das situações mais complicadas.
- **Generosidade:** Pensar no outro faz parte da sua vida. É sempre capaz de abrir mão de alguma coisa em função de outras pessoas.
- **Gentileza:** Ainda que o outro não seja muito gentil, sua reação mostra educação e amabilidade.
- **Segurança:** Pessoa muito autoconfiante, que por isso indica firmeza e tranquilidade nas suas colocações.
- **Equilíbrio:** Consegue ter um ótimo autocontrole nas ocasiões em que outros não teriam.

Lembra alguém? Que tal você mesmo?

É claro, como falamos, que existem pessoas cujo comportamento indica exatamente o contrário da autoestima elevada, e que não são queridas nem por si mesmas nem pela maioria das pessoas, pois seu comportamento acaba afastando os outros.

BAIXA AUTOESTIMA:

- **Pensamentos negativos:** Parece ter um "não" tatuado na boca, já que é tudo sempre difícil. Normalmente mostra mau humor e, o pior, com justificativas que fazem ela acreditar ter razão.

- **Insegurança:** Não consegue ter firmeza nas suas colocações e opiniões. Precisa sempre dos outros, como uma confirmação do que pensa.

- **Sentimento de perseguição:** Como se gosta muito pouco ou quase nada, na maioria das vezes acredita que os outros também não gostam, e por isso estão sempre querendo prejudicá-la de alguma forma. Por isso, tem grande tendência de se sentir vítima das situações.

- **Agressividade:** Tende a reagir de modo impulsivo, sem pensar muito nas consequências, e desta forma os sentimentos dos outros não têm muita importância.

- **Egoísmo:** Pensa sempre primeiro em si mesma. O que importa é atender aos seus desejos e necessidades, mesmo que estes possam trazer malefícios para os outros.

- **Desequilíbrio:** Nervosismo por tudo. Qualquer coisa faz com que "saia do sério" e se irrite. Em posições de liderança, essas pessoas podem mostrar um comportamento totalmente autoritário, fazendo valer aquele ditado: "Manda quem pode, obedece quem tem juízo."

Enfim... pare um minuto agora e reflita sobre como tem sido o seu comportamento no dia a dia.

> **Suas atitudes têm refletido alguém que se gosta? Alguém que respeita os outros? Que valoriza e reconhece mais as coisas positivas? Será que você sorri mais do que franze a testa na sua vida?**

Vamos pensar um pouco juntos...

De 1 a 10, quanto você conhece a si mesmo? Quanto você sabe o que o deixa feliz ou triste?

Se a resposta estiver entre 1 e 5, bom... você precisa ficar um pouco em silêncio, pensar sobre suas reações e buscar se conhecer mais, se entender.

Se a resposta for entre 6 e 8, você está no caminho certo na busca de si mesmo, mas ainda possui uma estrada a percorrer.

Contudo, se, de maneira consciente, sua resposta foi 9 e 10, parabéns! De fato você se conhece. Só tome cuidado (não importa a idade que você tenha) para não se surpreender com aquelas situações que às vezes nos ocorrem, tipo: "Ué, por que será que estou me sentindo assim? O que será que aconteceu?"

Situações assim acontecem porque, graças a Deus, a vida é muito dinâmica e, querendo ou não, nos leva a mudar nossos posicionamentos e sentimentos diante dela.

> *Quando criança, eu ouvia sempre de minha avó: "Filho, é muito importante que você saiba quem você é." Como eu a amava muito, acreditava exatamente que era isso que eu tinha de fazer, mas sem entender muito bem o que ela queria dizer e a importância*

disso. Com o tempo, fui não só entendendo, como acreditando na importância de todos nós nos conhecermos. (LUPPA)

Se nos conhecemos, sabemos o que é importante para nós, o que nos deixa satisfeitos, e nos emociona ou não, nos irrita ou satisfaz.

E quanto mais nos conhecemos, mais facilidade nós temos de conhecer e entender as outras pessoas, facilitando não só o nosso relacionamento, mas principalmente a base de todos os relacionamentos: identificação e aceitação das diferenças.

Muitas vezes precisamos mudar, aceitando nossas fragilidades e buscando transformá-las em forças.

Isso nos faz, antes de mais nada, parceiros de nós mesmos, com uma grande chance de estabelecermos essas parcerias com diversas pessoas pela nossa vida afora.

Claro que a busca do autoconhecimento é um caminho, e, como tal, pode ser longa, difícil e com obstáculos (nossos medos, inseguranças e dúvidas) a serem transpostos.

No entanto, acredite: sempre valerá a pena você percorrer esse caminho, pois a satisfação de saber quem nós somos nos dá uma força quase que de super-heróis. Uma força capaz de nos colocar em um patamar daqueles que se conhecem e sabem seu propósito de vida!

Nós não nascemos com um manual, como dissemos no início deste livro.

O crescimento e a maturidade vão nos ajudando a entender muita coisa, clareando nossa mente diante das ações e reações que optamos por ter diante da vida.

Muitas coisas precisam de explicações, que vamos encontrando no transcurso da vida, seja por meio de reflexões, ajuda de terceiros, ou aprendizagens pelos exemplos que temos a oportunidade de conhecer.

Portanto, o caminho do autoconhecimento não é milagroso. Primeiro, precisamos da nossa vontade de seguir em frente e também do nosso esforço em obter as respostas que precisamos para nossas dúvidas, ainda que isso possa fazer "doer" a mente e o corpo.

Experimente: os resultados serão positivos!

> **O que gera satisfação e alegria a todos os seres humanos é ter as necessidades atendidas pela vida. Todos precisam se sentir bem.**

Resumidamente, quando falamos que Ser é muito mais importante que Ter, estamos lhe pedindo para que seja uma pessoa legal, pratique o bem e, fundamentalmente, seja generosa.

Muito se tem falado hoje em dia sobre a importância da generosidade — de se dar aos outros, de fazer algo que não seja somente para nós mesmos.

Na nossa hierarquia de necessidades, encontramos desde a batalha da sobrevivência até a busca de *status*, de pertencer a um grupo bacana para a realização profissional e pessoal.

Tudo bem até aqui. Só que isso, com certeza, não é suficiente. É preciso mais, para que possamos nos sentir completamente realizados.

É necessário buscar a realização também das outras pessoas. Praticar a bondade.

No dicionário, este é um dos conceitos de humanidade. Verdade diante do humano.

Ter um comportamento bondoso é praticar a empatia, a capacidade de levar em consideração o que é importante para os outros, aquilo que sentem e pensam. É se colocar no lugar deles, entendendo que a nossa verdade não é a única.

A maior utilidade da vida é poder usá-la em prol de algo que lhe sobreviva, que seja maior do que ela. E isso está exatamente na nossa capacidade de fazer alguma coisa pelos outros, permitindo que a nossa estada neste mundo não seja apenas um livro preenchido unicamente pelas coisas banais da vida, tais como o egoísmo, a desenfreada procura do Ter cada vez mais e mais, a valorização do supérfluo.

Sem um coração generoso, a riqueza se torna uma pobre pedinte.

A generosidade faz com que possamos enxergar mais longe, muito além de nós mesmos. E, a partir daí, transformar nossas necessidades em amplo atendimento aos desejos dos outros.

Com certeza há sempre pessoas que precisam mais do que nós, cujas aflições e problemas são mais complicados do que os nossos.

Precisamos apenas ter olhos que sejam fora do próprio rosto, para poder enxergar e tocar os outros com as nossas atitudes.

Como dizia Eleanor Roosevelt: "Quando deixamos de contribuir, começamos a morrer."

Importante lembrar que, quando falamos de generosidade, identificamos a contribuição em todos os sentidos: compartilhar ideias, informações, bens, apoio, tudo o que possa levar os outros a se sentirem mais felizes e tranquilos.

Os médicos também já comprovaram que o excesso de preocupação com valores superficiais podem nos levar a uma dureza interior, que ocasiona doenças como enxaquecas, problemas cardiovasculares, derrames e até câncer.

E que, ao contrário, atitudes generosas fazem com que o nosso coração fique mais leve e ao mesmo tempo mais repleto de energia positiva e de luz. E isso o organismo com certeza agradece, com mais disposição e menos possibilidades de contrairmos doenças que diminuam nossa sensação de prazer, e, como consequência, reduzam a chance de propiciar aos outros esses sentimentos positivos.

Por isso, a nossa principal dica é que você possa, sem medo de ser feliz, praticar mais e mais esse comportamento bondoso.

Como?

Olhe ao seu redor, no seu trabalho, em sua casa, família, amigos, comunidade, desconhecidos... e pergunte, demonstre interesse, enxergue através, e simplesmente se doe com toda sua alma. Faça alguma coisa, seja com o seu tempo, seu saber, seu dinheiro ou simplesmente sua vontade de ajudar.

Escolha onde você colocará toda essa imensidão de bondade!

Vibre com o maravilhoso prazer de colocar o outro em primeiro lugar, sem cobrar absolutamente nada em troca.

Experimente isso e você verá o bem que vai lhe trazer.

Garanto que até mais leve, bonito e saudável você se tornará!

ASSISTA AGORA À ENTREVISTA EXCLUSIVA COM WALTER LONGO

"TENHA A CAPACIDADE DE SE JOGAR DE MANEIRA ENTUSIASMADA RUMO AO DESCONHECIDO."
— **WALTER LONGO**

ACESSE:

WALTER LONGO É ESPECIALISTA EM INOVAÇÃO E TRANSFORMAÇÃO DIGITAL. PUBLICITÁRIO E ADMINISTRADOR DE EMPRESAS, COM PÓS-GRADUAÇÃO NA UNIVERSIDADE DA CALIFÓRNIA, LONGO É EMPREENDEDOR DIGITAL, PALESTRANTE INTERNACIONAL E SÓCIO-DIRETOR DA UNIMARK COMUNICAÇÃO.

FOI PRESIDENTE DO GRUPO ABRIL E MENTOR DE ESTRATÉGIA E INOVAÇÃO DO GRUPO NEWCOMM — HOLDING DE COMUNICAÇÃO DO GRUPO WPP, QUE INCLUI AS AGÊNCIAS YOUNG & RUBICAM, WUNDERMAN, GREY BRASIL, VML. É MEMBRO DE DIVERSOS CONSELHOS EMPRESARIAIS, SÓCIO DE EMPRESAS DIGITAIS, ARTICULISTA DE MÚLTIPLAS PUBLICAÇÕES E AUTOR DE VÁRIAS OBRAS QUE REFLETEM AS MÍDIAS E SUA INFLUÊNCIA SOBRE A SOCIEDADE.

PARTE 3

PRATICANDO AS COMPETÊNCIAS

Identificando o profissional de sucesso

O que tiver que ser feito, faça sempre bem-feito!

IDENTIFICANDO O PROFISSIONAL DE SUCESSO

Estamos aqui falando dos Ativadores e das Competências, do que realmente existe dentro da Caixa-preta do Sucesso, mas também é muito interessante analisar e entender como as pessoas reconhecem um profissional de sucesso.

Quem é, como é, o que faz, o que o torna diferente e como identificá-lo.

Irremediavelmente as empresas vão avaliá-lo, vão querer decifrar o seu perfil, porque essa tarefa é, sem dúvida, uma busca incessante das corporações, por mais que seja muito difícil identificar um potencial perfil de sucesso.

Quais são as Competências de um profissional de sucesso?

Quais são os pilares fundamentais que sustentam esse profissional?

Acredite, isso é o que sempre vão tentar identificar em você.

Na verdade, as pessoas se baseiam muito em qualificações e habilidades quando estão avaliando outras pessoas, entendendo ou digerindo aquilo que elas são ou não capazes de realizar.

Quando estamos analisando ou avaliando um profissional diferenciado, que efetivamente coloca em prática as suas capacidades como forma determinante de alcançar seus resultados, é preciso fatiar o entendimento para decifrar seus potenciais.

Isso só é possível quando você estabelece padrões.

Com esse foco, apresentamos as qualidades que consideramos essenciais em um profissional de sucesso:

1. Visão, capacidade estratégica e estruturação
2. Conhecimento e experiência
3. Execução em busca do resultado
4. Liderança de equipes
5. Formação de relacionamentos, influência e habilidade comercial

Nesse último item, cabe uma explicação do motivo de termos colocado a habilidade comercial. Já foi dito ao longo deste livro, mas vale a pena repetir: um profissional de sucesso, seja em que área for, tem que ter habilidades de negociação, persuasão e venda. Não conhecemos nenhuma pessoa de sucesso que chegou lá sem ter essas habilidades em destaque.

VISÃO, CAPACIDADE ESTRATÉGICA E ESTRUTURAÇÃO

Em uma perspectiva sintética, estamos pensando em criação da visão, julgamento, pensamento independente e inovação, entendendo aqui que inovação não é uma melhoria contínua.

Buscamos a visão de longo prazo, a capacidade para identificar claramente o impacto futuro das decisões do negócio. Alguém que equilibre naturalmente o operacional com a alavancagem do negócio, que domine o conceito de gestão e do binômio causa e consequência. E que identifique, reconheça, planeje e implemente ações de curto e longo prazo.

CONHECIMENTO E EXPERIÊNCIA

Conhecimento no sentido do segmento que atua ou pretende atuar, mixado a uma vivência global e, fundamentalmente, à gestão de resultados.

O profissional que detém conhecimento e experiência pode comprovar de maneira inexorável a sua capacidade de gerar resultados no *top line* e no *bottom line*.

EXECUÇÃO EM BUSCA DO RESULTADO

Imagine alguém se jogando do décimo andar, tendo clareza e certeza de que há um colchão de água esperando por ele e que esse colchão tem total condição de amortecer sua queda.

É isso! Sem reações negativas ou dúvidas, ele se projeta para a obtenção de resultados. Impõe mudanças e adaptações positivas, estrutura, valoriza os processos e estimula a produtividade, flexibiliza e é resiliente com enorme poder de decisão.

Esse profissional é focado e orientado a resultados, porque ao longo da sua jornada profissional foi um colecionador de metas superadas.

Ele executa e entrega.

LIDERANÇA DE EQUIPES

Ele é um talento? Caso seja, sabe gerir talentos? Certamente é um formador de times vencedores, tem um estilo próprio de gestão e uma forte experiência em gerir pessoas e seus abundantes conflitos.

Atrai, desenvolve e retém profissionais de alto desempenho. Tem um ótimo ouvido e transita muito bem em todos os níveis da organização.

Obtém comprometimento pelo exemplo, negocia, consegue sempre influenciar com o foco no resultado, tem habilidade para construir ambientes produtivos.

FORMAÇÃO DE RELACIONAMENTOS, INFLUÊNCIA E HABILIDADE COMERCIAL

O profissional com essa Competência entende que não temos uma segunda chance para causar uma primeira boa impressão.

Ele apresenta capacidade de impacto e facilidade no desenvolvimento de relações, uma tremenda habilidade para se comunicar, um convencimento natural e uma persuasão sedutora.

Avalia riscos, ameaças, oportunidades, decifra o ambiente e sabe tirar proveito positivo e íntegro dele, influenciando pessoas a caminhar na direção desejada. Um exímio negociador.

Além das capacidades destacadas, evidentemente existem outras que são muito importantes, tais como:

- Capacidade analítica
- Curiosidade
- Velocidade de aprendizagem
- Franqueza
- Nível cultural

- Empatia
- Integridade
- Senso de competição
- Senso de empreendedorismo
- Energia
- Perfil desafiador

E se você quer fazer um teste introspectivo para visualizar a densidade do seu sucesso, temos um roteiro para apurar ainda mais o seu autoconhecimento.

São 16 pontos que sempre consideramos nas avaliações que fazemos:

ESTRATÉGIA DE PLANEJAMENTO

- Utiliza raciocínio analítico no planejamento de ações?
- Identifica tendências?
- É exigente no cumprimento dos planos já negociados, visando planejar de maneira adequada e antecipada sua estratégia para diminuir os improvisos?

GESTÃO DE RECURSOS E PROCESSOS

- É versátil para atuar em situações não estruturadas?
- Qual é a importância que dá à ordem formal e burocrática do dia a dia?
- Sabe aperfeiçoar e aproveitar os recursos que de dispõe?

ACOMPANHAMENTO E CONTROLE

- Assume verdadeiramente a gestão da sua área e dos projetos que estão sob seu comando?
- Consegue definir indicadores de performance?
- Monitora os resultados de maneira imparcial?
- É bom de *feedback*?
- Tem maturidade para corrigir rotas que foram traçadas por ele mesmo?

GESTÃO DE DEMANDAS

- Tem percepção de cenários e consegue alinhar prioridades?
- Consegue distinguir urgente de importante?

ADMINISTRANDO O TEMPO

- Planeja e entrega as tarefas no prazo determinado?
- Equilibra qualidade e velocidade na execução dos seus compromissos?
- O cronograma faz parte do seu dia a dia?

ESTRATÉGIA DE DECISÃO

- É seguro para assumir decisões e posições?
- É ponderado a ponto de entender o impacto de suas decisões no curto, médio e longo prazo?

- Denota coragem e otimismo mediante situações novas, sabendo que esse é o caminho da diferenciação corporativa?

FORÇA DE TRABALHO

- Sente-se bem e é natural, colocando muita energia em suas tarefas?
- Delega atividades mais rotineiras e operacionais, preferindo aquelas que têm cunho mais estratégico e visibilidade pessoal?
- Mantém-se ativo espontaneamente?
- Investe na sua disposição física visando um bem-estar emocional para lidar com a pressão natural de seus objetivos?

ALINHAMENTO COM OS PROPÓSITOS DA ORGANIZAÇÃO

- Estabelece alianças e defende suas propostas com clareza?
- Aceita e valoriza posições contrárias à sua?
- Depende de estímulos para exercer suas atitudes de maneira autônoma?

INFLUÊNCIA E PERSUASÃO

- É eficaz no seu papel de líder, mobilizando as pessoas na direção dos seus objetivos?
- É democrático, porém firme, visando ser naturalmente eficaz?
- É inspirador, formador de opinião?

COMUNICAÇÃO

- Sabe informar?
- Tem hábito de se relacionar com o objetivo de ampliar a sua visão?
- É didático?

INTERESSE POR DETALHES

- Tem a síndrome da perfeição?
- Confunde profundidade nos temas com análise burocrática?
- Terceiriza o controle de detalhes?

FLEXIBILIDADE

- Como trata as regras?
- Com rigor ou com bom senso?
- Prende-se a modelos e conformidades, prejudicando a dinâmica dos trabalhos?
- Enfrenta paradigmas e quebra referências pessoais visando flexibilizar sua própria criatividade?

INOVAÇÃO

- Entende o ambiente e propõe mudanças?
- É curioso?
- Estuda e apresenta alternativas, sendo capaz de propor novas soluções para antigos desafios?

AUTOMOTIVAÇÃO

- É naturalmente estimulado por ambientes de alta competitividade?
- Estar próximo da obtenção dos seus resultados é o suficiente para mantê-lo motivado?
- Frustra-se com facilidade?

GESTÃO DE CONFLITOS

- Tem habilidade para analisar problemas e conflitos?
- Adota uma postura que privilegia a negociação?
- Encaminha o processo no sentido do "ganha-ganha"?
- Estar no conflito gera desgaste emocional e baixa autoestima?
- Denota paciência e tolerância nas discussões?
- Tem maturidade para lidar com pressões e tensões?

EMPATIA

- Demonstra os seus sentimentos?
- Entende e interpreta a manifestação afetiva das pessoas?
- Compreende ou julga?
- É sempre convidado a participar e contribuir com os grupos?
- Valoriza a sua participação nos atos coletivos?
- Seu prestígio é percebido?

É claro e evidente que isso tudo aqui compõe apenas um pequeno auxílio, uma provocação para que você possa ter uma visão um pouco maior de si mesmo.

Você se vê como um profissional de sucesso, ou com plenas condições de alcançá-lo?

Quais são os pontos fortes que você percebe em si mesmo ao refletir sobre as perguntas acima?

E quais são os pontos em que você está empenhado em se aprimorar?

E como as pessoas o veem, sob todos esses aspectos reunidos aqui?

Aproveite esta ferramenta e a aplique, para não ficar no "achismo" sobre o modo como você é visto pelos outros profissionais, pelos empreendedores e pelo mercado como um todo.

É uma visão realista, mas nunca negativa, das dificuldades, dos desafios e, principalmente, das oportunidades no seu caminho, mostrando a realidade do negócio.

Localize também seus pontos fracos, pois você terá neles uma excelente referência e um maravilhoso desafio para se aperfeiçoar cada vez mais.

Procure aprofundar sua percepção sobre você mesmo, avaliando-se em todos os aspectos aqui relacionados.

Anote suas respostas, guarde os resultados desse detalhado "*check-up*", como um exame a ser comparado mais tarde com novos exames. Faça isso, respondendo a cada três ou seis meses estas mesmas perguntas e observando seu desenvolvimento contínuo.

A boa notícia é que você terá uma visão clara de como anda o seu sucesso.

Como era antes, como é a cada novo passo desta estrada, e como será nas futuras etapas de sua vitoriosa escalada, rumo ao topo.

Uma escalada que será vitoriosa, porque é perfeitamente possível.

Basta querer mesmo chegar, aplicando tudo o que você aprendeu nas sete Competências do Sucesso, que fazem parte da caixa-preta revelada neste livro especialmente para você.

Nós conseguimos chegar ao sucesso.

E você também pode, se der o melhor de si.

Aguardamos você no topo.

O QUE TIVER QUE SER FEITO, FAÇA SEMPRE BEM-FEITO!

Meu amigo, já estamos juntos nessa leitura há algum tempo e agora é importante que você esteja ciente de uma questão fundamental para a caminhada rumo ao sucesso:

Até aqui dividimos com você muita informação.

E neste momento, a pergunta é:

O que você fará a partir de agora?

Se você é vendedor, imagine se um comprador lhe diz:

"O que você vende eu já sei, com todos esses detalhes que está tentando me dizer. Você veio aqui só pra isso?"

Talvez você fique frustrado e não resista à pergunta óbvia:

"Mas como você sabe?"

"www.google.com.br", responde ele, com um sorriso.

Uma das grandes exigências da atualidade é que todos sejam bem informados. É impressionante a quantidade de informação disponível que temos nos dias de hoje. E elas não estão só nas ruas, não. Experimente abrir a geladeira para ver a quantidade de informação que tem lá dentro!

Hoje, de qualquer lugar e para qualquer canto, a informação flui e nos surpreende a cada minuto. O tempo todo somos bombardeados de informação, dos mais variados tipos e para todos os gostos. E como elas já fazem parte do nosso cotidiano, nem nos preocupamos mais com esse bombardeio. E assim acreditamos que preocupante mesmo é a falta de informação.

Estar bem informado é também uma questão de atitude. Uma pessoa que não passa do terceiro capítulo de um livro que tem doze capítulos não consegue dar um salto na vida profissional. Sabemos que não é o seu caso, amigo leitor. Você já chegou até aqui e percebeu o quanto uma leitura pode ajudá-lo a alcançar a excelência.

Mas o que falta mesmo, na grande maioria das pessoas, é conhecimento.

Pense comigo:

Você pode perder sua liberdade, seu patrimônio, o jogo de futebol, a namorada e até a vida, mas jamais vão arrancar de você esse valioso patrimônio que é o seu conhecimento.

Sem ele, você não é ninguém.

Sem conhecimento, ninguém vai a lugar nenhum.

Contudo, é necessário que você saiba o que fazer com tanta informação disponível. Como manipular os conteúdos a seu favor?

Quando estiver simplesmente colhendo informações, não inicie um processo de avaliação, não discrimine nada, apenas qualifique. Ou seja, não importa o que você gostou ou deixou de gostar. Importa é como você fará uso da informação que coletou. E como você a transformará em conhecimento. Como transformará as informações em resultados.

Algumas ações dependem do intelecto. É por isso que as pessoas que conseguem construir uma vida mais coerente, convincente e talentosa do início ao fim são as mais bem-sucedidas.

Por isso insistimos: o melhor investimento que você pode fazer na sua vida é adquirir conhecimento, principalmente para saber quantas vezes precisará mudar de posição, executando a tática planejada, inserindo criatividade, muita garra e determinação para vencer.

Qualquer semelhança com jogos esportivos não é mera coincidência. Os processos são muito parecidos.

O nosso amigo Oscar Schimidt, o maior cestinha do mundo, costuma dizer:

"Dor e cansaço devem fazer parte do meu uniforme."

Mas o que realmente importa é mudar, de maneira constante e planejada. O universo está em processo contínuo de transformação e a mudança é um dos fatores mais expressivos na realização de conquistas. No entanto, é exatamente ela, a mudança, que quase sempre evitamos.

E por um único motivo: a ignorância.

Temos medo do desconhecido, e o resultado da mudança é um desconhecido para todos.

Achou que fosse fácil? Esqueceu que o sucesso envolve riscos?

É errado pensar primeiro nos resultados. O certo é investir energia em como realizar um trabalho adequado. Certamente, depois disso, o resultado aparecerá.

Fazer de uma forma diferente as coisas do dia a dia lhe garantirá um dia seguinte mais inspirado e melhor.

Lembre-se: sem informação, não existe ação eficiente.

Os primeiros passos são inerentes a qualquer trajetória. Busque o conhecimento que precisa para promover as mudanças necessárias.

Assim você terá a certeza de que a informação é um anabolizante para que as mudanças positivas aconteçam na sua vida.

> **A mudança é como um tsunami: ninguém acredita que acontecerá. Quando acontece, fica todo mundo pasmo, e, quando termina, inicia-se obrigatoriamente um novo ciclo.**

Todos nós temos vários papéis na vida: filha ou filho, irmã ou irmão, mãe ou pai, esposa ou marido, chefe, empregado, líder, amigo. Também temos vários personagens. Às vezes, no mesmo dia, qualquer um de nós pode ser um herói no trabalho e uma pessoa medíocre em casa, ou vice-versa.

E se, além de todos esses papéis e personagens, existisse um papel mais essencial? O verdadeiro eu, autêntico sempre, sem máscaras. E se você estivesse tão à vontade nesse papel que ficasse completamente confortável consigo mesmo e com os outros?

Nós sabemos que podemos mudar nosso corpo com treino, a imaginação com criatividade, as emoções com experiência e a mente com aprendizado. Todas essas coisas nos ajudam a moldar um novo eu.

Entretanto, o que estamos moldando? Um "eu" falso ou um "eu" autêntico? Costumamos dizer que queremos conhecer a nós mesmos, mas quando chega a hora de darmos atenção ao processo de autoconhecimento e confrontar nossos hábitos, muitas vezes, acabamos desistindo.

Porém, eu não estaria falando sobre isso se não fosse possível mudar.

Crescimento interior e mudança, sem dúvida, são possíveis.

Muitos fizeram isso, e não é necessário uma conta bancária gorda, um treinamento longo ou equipamento especial. Requer algo muito mais valioso: determinação e disciplina.

Com esses ingredientes, você poderá desenvolver, no mínimo, quatro qualidades que estão nas entrelinhas deste livro:

- Aceitação
- Cooperação
- Entendimento
- Entusiasmo

Se você tentar ignorar alguma situação que se apresente no seu dia a dia, será atropelado pela tal da mudança e jogado para o lado.

É verdade que você tem a opção de ficar com raiva, mas lamentamos informar que isso não vai mandar a mudança embora. Falta de serenidade só piora a situação.

Desejar que algum acontecimento infeliz não tivesse ocorrido justamente com você, uma pessoa tão legal, é absoluta perda de tempo. Aliás, tempo é a única coisa de que efetivamente não dispomos.

Então, não fique aí parado, pensando, se remoendo e falando sobre "os bons velhos tempos", na esperança de que um dia eles voltem.

Você nem mesmo conseguirá se esconder.

Não existe nenhum lugar para onde você possa ir que fique completamente fora do alcance das mudanças e dos desafios do dia a dia.

O melhor a fazer é encarar os problemas e identificar as oportunidades.

O modo como você pensa e, sobretudo, como age, são fatores simplesmente vitais durante os períodos de construção do seu sucesso.

É certo, também, que você não pode controlar tudo o que acontece.

Isso é impossível!

Porém, com certeza você tem total controle sobre a forma como reage ao que acontece.

Meu amigo, esta é a Era da Instabilidade, na qual gerenciar tudo e todos é simplesmente crucial.

Quantas vezes, pelos mais diferentes motivos, procuramos caminhos alternativos que nos levam a algum lugar de modo mais rápido?

Você nunca fez isso?

Nunca se desviou do trânsito e pegou outra rota para não chegar atrasado a uma reunião?

Uma pessoa não pode pegar todas as lindas conchas na praia. Só consegue pegar algumas, e elas são ainda mais belas se forem apenas algumas.

Faça o que tem de ser feito.

Isso é o mais importante!

Dê valor ao que é bem-feito, mesmo que não seja o ideal.

Nunca é demais lembrar: não se deixe levar por facilidades, não se empolgue com soluções mágicas, saídas inéditas. Aqui estamos debatendo a construção de uma vida de sucesso pessoal e profissional.

As empresas que vencem hoje em um mercado altamente competitivo não são necessariamente as melhores empresas, as perfeitas, as que não erram. Vencem aquelas empresas que fazem o que tem de ser feito e valorizam cada tarefa como se fosse a mais importante de todas.

Nada pode ser esquecido, principalmente o fato de um todo se fazer de partes, como aquelas conchas da praia. Sem sombra de dúvidas, administrar os problemas, ter foco, manter a disciplina e respirar envolvimento e comprometimento são ingredientes básicos da receita de um resultado positivo.

Enquanto um atirador fica 25 minutos com o arco mirando o alvo, o outro dispara 14 flechas e inevitavelmente uma delas atinge o alvo.

Esse é o princípio da essência do resultado!

> *Norman Vincent Peale disse:*
> *"Mude seus pensamentos e*
> *você muda seu mundo."*
>
> *Nós dizemos:*
> *"Mude suas ações e*
> *você muda seu destino."* [1]

Aparentemente, a vida de um vencedor é como um casamento: aquela rotina...

No entanto, a rotina inteligente de alguns casamentos é exatamente seu fator de sucesso. Fazer as coisas cotidianas de maneira criativa e diferente pode garantir um dia seguinte mais inspirado e melhor. Coragem!

É o seu dia a dia, na complexidade de suas ações, que retrata como você vê a vida, que grau de determinação você impõe aos seus desafios e que nível de prioridade estabelece para cada uma das suas ações.

E o mais importante:

Tudo no seu devido tempo, respeitando o equilíbrio do seu corpo e da sua mente. "Apressado come cru", lembra-se desse dito popular? É quase isso!

Você pode não perceber, mas é exatamente durante uma tarefa e outra do dia que você escreve sua história, ou melhor, seu destino.

---

1 Peale, Norman Vincent. *O poder do pensamento positivo*. São Paulo: Cultrix, 2006.

Aquilo que você efetivamente faz é o que fará toda a diferença na avaliação final.

Já que quem faz é você mesmo, que tal dar um jeitinho de administrar isso? Você pode e deve controlar isso tudo, ou seja, alguém só será melhor do que você se permitir.

Da mesma forma que dizem que o ser humano é aquilo que come, podemos dizer que o profissional é um espelho nítido de suas decisões e planos.

Por isso, meu amigo, continuamos insistindo que sonho só é bom quando estamos dormindo. E pensamento bom é aquele que conseguimos colocar em prática.

Agir sem pensar é ignorância.

Pensar e não agir é ficção.

Vamos à luta! Não em busca do mais rápido, do mais curto ou do mais fácil.

Siga em busca do melhor!

Você precisa agir!

Pratique atitudes criativas, isso faz bem!

Imagine se o McDonald's fosse fazer uma pesquisa antes de se estabelecer no Brasil: com certeza teríamos a maior franquia de arroz e feijão do mundo. Não pergunte o que as pessoas querem, surpreenda-as.

Se você precisa de dinheiro, terá que transformar seu conhecimento ou sua habilidade em dinheiro, certo?

Então, terá de vender alguma coisa para alguém!

Saiba que ninguém compra pelos mesmos motivos nem pelas mesmas necessidades de outra pessoa. Cada comprador é um indivíduo único, singular.

O resultado positivo só acontece quando conseguimos levar o cliente a pensar e a sentir da mesma forma que pensamos em relação à proposta, de modo que o comprador aja favoravelmente e obtenha os benefícios desejados.

Traduzindo:

É fazer o cliente sentir que ele comprou. Não que lhe venderam alguma coisa.

Captou?

Quando você se prepara para fazer uma venda, imagine e planeje uma obra de arte, algo inédito, único, exclusivo, customizado, adaptado às necessidades específicas daquele cliente em particular. E deixe que ele perceba isso!

Imagine que você é um gerente de vendas, caso não seja, e que recebeu um e-mail de um de seus vendedores, quase em tom de desespero, perguntando o que fazer com um cliente que já disse por mais de duas vezes que não compraria. Ora, essa situação não é um privilégio, nem é rara, muito pelo contrário, é bastante comum.

A solução não está na pressão, na insistência, que pode se tornar sua grande inimiga para sempre.

Um cliente não esquece aquele vendedor do tipo carrapato, repetidor de fracos e pobres argumentos, sem expressão e sem vida, mas com uma persistência insuportável.

O caminho é sair do lugar-comum e usar a criatividade. Como?

É natural e óbvio ir a uma farmácia e encontrar remédios. Assim como você não voltaria da Disney contando que viu o Mickey, como se isso fosse uma grande novidade, voltaria? Mas você faz questão absoluta de repetir por diversas vezes, para inúmeras pessoas, que ficou impressionado com o restaurante que resolveu não cobrar sua conta por entender que não ficou satisfeito com a refeição. E mais, você voltará lá!

É muito simples: você foi surpreendido de uma forma positiva e impactante, para não dizer inesperada.

Assim, quando você estiver diante de alguém que pode transformar seu conhecimento ou sua habilidade em dinheiro, pense no que ele jamais esperaria da sua empresa, do seu produto ou do seu serviço.

Crie uma venda!

Para isso, lembre-se, são necessárias três coisas muito simples:

- Descobrir o que o cliente quer
- Informar que você tem o que ele quer
- Dizer como ele pode comprar

Você pode até dizer que teve um branco, que faltou criatividade e que não sabia o que fazer para se mostrar criativo. Vamos então ajudá-lo a dar o primeiro passo.

Surpreenda seu cliente, seu "alvo", com uma ligação após a compra do seu produto, da sua consulta, da sua apresentação e mostre que você tem como principal tarefa fazê-lo feliz. O simples fato de se lembrar do seu cliente mostra a importância que você dá para um bom relacionamento. E caso haja alguma reclamação, agradeça e procure resolver o mais breve possível.

Organize seu tempo, de modo que você dedique 15 minutos por dia para surpreender cada cliente seu. Você gostará muito do resultado. Ele também!

Uma das coisas que buscamos como objetivo neste livro é que você se torne, cada vez mais, uma pessoa melhor. E isso é simples: pratique o bem, contribua com o próximo. Vale a pena!

A cada ano uma pessoa cresce um pouco mais qualitativamente quando tem o perfil de ajudar alguém a crescer. E, com certeza, a cada dia também perde um cliente ou um amigo por não estar comprometido com o seu negócio ou sua missão de vida.

O que fazer? Ou melhor, o que dizer?

O que o cliente precisa ouvir ou o que o cliente gostaria de ouvir?

Saber o ponto de equilíbrio entre esses dois perigosos caminhos é o resultado de que você precisa para transformar preço em valor, mudando a sensibilidade e as expectativas do cliente.

É a troca que dá certo.

Guarde com você essa fórmula aqui:

Informação X Compreensão = Troca Compreensão X Ação = Resultado

Você é um estudioso dos seus problemas, é um orientador, sempre sugere soluções, independentemente da compra que o seu cliente venha ou não a realizar.

Demonstre sua real intenção de entender e trabalhar a favor dos interesses do seu cliente. Mas deixe claro que está disposto a arcar com o custo e a frustração do fracasso.

Esta é a certeza de que ele precisa para sentir segurança e confiar em você!

Orientando-o, você faz com que ele descubra que você representa muito mais do que ele pode lhe dar.

Pense conosco: você acredita em alguém que diz que o ama, mas não dá provas desse amor com suas atitudes?

Por isso não se imagine no topo sozinho, construa um pódio onde caibam duas pessoas.

Lembre-se de que a única coisa que você pode realmente garantir ao seu cliente é a cumplicidade total e irrestrita.

Afinal de contas, hoje em dia ninguém mais pode garantir desempenho infalível de produtos e serviços, mas pode garantir assistência integral.

E aqui vai uma dica valiosa: para fornecer um bom serviço, é preciso agregar elementos que não podem ser medidos ou comprados pelo dinheiro. Estes elementos são: sinceridade e integridade.

Ajudar o cliente a crescer já não é mais um dever, é obrigação!

O cliente que não cresce não o ajuda a crescer.

E o cliente que morre enterra você.

Não espere o cliente adoecer. Ajude-o a ter saúde sempre!

Acreditamos, e muito, que este livro pode e deve influenciá-lo positivamente para que você pare de se impor limites e passe a superar o que nunca imaginou que poderia ser superado.

Limite é o que tentamos impor às crianças. Meta é o que a empresa tenta impor aos vendedores. E sucesso é a compreensão e superação desse binômio.

Para pessoas de sucesso, eternos negociadores e desbravadores em busca de novos desafios, o que vale é superar os próprios limites.

Mas a questão é:

Como ultrapassar algo que você não sabe onde está?

Entender, visualizar e identificar o porquê de o seu limite estar em determinado estágio são os primeiros passos para ultrapassá-lo.

Assim são as nossas emoções mensais, apelidadas de metas.

A meta passa por dois momentos críticos: o seu estabelecimento e o processo de sua conquista.

Definir ou estabelecer uma meta pessoal ou profissional é uma arte que se equilibra nos pilares do conhecimento:

- Conhecimento do que você faz
- Conhecimento do que os outros fazem parecido com você (concorrentes e mercado)
- Potencial da sua área de atuação
- Capacidade de transformar suas habilidades em resultado
- Definir pilares de segurança da sua saúde
- Ter um planejamento pessoal escrito, passo a passo
- Saber responder em menos de 15 segundos seus objetivos para os próximos seis meses

Estabelecer uma meta não é ficar namorando o calendário todos os dias, nem criar algo próximo ao impossível.

É estar disposto a fazer mais do que o possível!

Portanto, meu amigo, imponha-se desafios que possam ser superados, dividindo a meta em duas partes muito importantes: o resultado habitual e o extra.

Os resultados extras virão como fruto de sua ousadia organizada e bem planejada.

Os habituais são viabilizados pelo esforço e pela disciplina da rotina preestabelecida por você.

Se você é do tipo que, fica tranquilo e se permite relaxar quando atinge sua meta do mês, acorda mais tarde no dia seguinte, almoça em casa e aproveita para dar uma cochilada (porque, afinal, já cumpriu seu dever), desista enquanto há tempo.

Não existe espaço para comodismo, e muito menos para quem tem medo de ir além do estabelecido.

Saia da zona de conforto enquanto há tempo. É preciso coragem!

Mas saiba que coragem não é a ausência do medo, é sim a capacidade de avançar, apesar do medo; caminhar para a frente e enfrentar as adversidades, vencendo os medos.

Persistência, coragem, habilidades, tudo pode ser resumido em quatro estágios, para que você possa arrumar a casa, identificar a meta e superá-la:

- Planeje com determinação
- Prepare-se com máxima devoção
- Tenha absoluta confiança da sua capacidade
- Siga o passo a passo com total determinação

Na realização deste livro, passamos muitas horas juntos, muitas noites regadas a um bom vinho, escrevendo trechos, gravando áudios e formatando o que entendemos como construção do sucesso.

A Caixa-preta do Sucesso não são dicas: são verdades. São botões que precisam ser acionados por você para chegar lá.

E quer nossa última dica? Você pode decidir fazer isso depois de ter chegado lá, ou antes, ou durante a sua caminhada. Você escolhe, mas pense e se decida por este caminho que vamos lhe contar:[2]

Um antropólogo estava estudando os usos e costumes da tribo Ubuntu, na África, e propôs, então, uma brincadeira para as crianças, que achou ser inofensiva. Comprou uma porção de doces e guloseimas

---

[2] Fonte: Joelza Ester Domingues. Blog *Ensinar História*. https://ensinarhistoriajoelza.com.br/.

na cidade, colocou tudo em um cesto bem bonito com laço de fita e colocou debaixo de uma árvore.

Então chamou as crianças e combinou que quando ele dissesse "já!", elas deveriam sair correndo até o cesto. A que chegasse primeiro ganharia todos os doces que estavam lá dentro.

As crianças se posicionaram na linha demarcatória que ele desenhou no chão e esperaram pelo sinal combinado.

Quando ele disse "já!", instantaneamente todas as crianças se deram as mãos e saíram correndo em direção à árvore com o cesto. Chegando lá, começaram a distribuir os doces entre si e a comerem felizes.

O antropólogo foi ao encontro delas e perguntou por que elas tinham ido todas juntas se uma só poderia ficar com tudo que havia no cesto e, assim, ganhar muito mais doces. Elas simplesmente responderam:

"*Ubuntu*, tio. Como uma de nós poderia ficar feliz se todas as outras estivessem tristes?"

Ou seja, ajude, contribua, motive, inspire e provoque mudanças na vida de outras pessoas também. De nada adianta atravessar sozinho a linha de chegada.

Pense nisso como a sua missão pessoal.

Descubra-se. Vale a pena!

SIGA NAS REDES SOCIAIS

@EDGARUEDAOFICIAL

@LUPPAACORDANDOGIGANTES

ACESSE E SAIBA MAIS EM:

WWW.ACAIXAPRETADOSUCESSO.COM.BR*

---

* O site www.acaixapretadosucesso.com.br é mantido voluntariamente pelos autores. Os conteúdos online disponibilizados na obra podem ser visualizados em nosso canal ou site: www.altabooks.com.br. Busque pelo título da obra ou ISBN.